实证社会科学

Social Science Research

（第十卷）

胡　近　主编

上海交通大学出版社
SHANGHAI JIAO TONG UNIVERSITY PRESS

图书在版编目(C I P)数据

实证社会科学. 第十卷 / 胡近主编. — 上海 : 上海交通大学出版社,2022.12
ISBN 978-7-313-27932-3

Ⅰ. ①实… Ⅱ. ①胡… Ⅲ. ①社会科学-文集 Ⅳ. ①C53

中国版本图书馆 CIP 数据核字(2022) 第 214497 号

实证社会科学(第十卷)
SHIZHENG SHEHUIKEXUE(DI-SHI JUAN)

主　　编:胡　近
出版发行:上海交通大学出版社　　地　　址:上海市番禺路 951 号
邮政编码:200030　　电　　话:021-64071208
印　　刷:上海万卷印刷股份有限公司　　经　　销:全国新华书店
开　　本:787mm×1092mm　1/16　　印　　张:10.75
字　　数:178 千字
版　　次:2022 年 12 月第 1 版　　印　　次:2022 年 12 月第 1 次印刷
书　　号:ISBN 978-7-313-27932-3
定　　价:59.00 元

实证社会科学

Social Science Research

目录

CONTENTS

学者评论

社会科学实证研究设计中的批判性思维*

朱旭峰**

摘　要：严谨的研究设计是一项成功社会科学研究的必要前提。本文旨在建议研究者要重视并努力加强在社会科学实证研究设计中的批判性思维训练。开展批判性思维训练要注意几个环节，一是对社会现实进行合理的抽象与简化，二是提炼表达精确并前后一致的关键概念，三是提出科学的且符合逻辑的理论假设。希望本文可以帮助研究者排除研究中常见的虚假逻辑关系，养成社会科学研究设计中的批判性思维习惯。

关键词：研究设计；批判性思维；预设；概念；理论假设

一、引言

社会科学的研究设计之所以能独立成为一个值得探讨的问题，是因为它相对于自然科学的试验设计而言具有自身特点。第一，大部分自然科学研究是可以重复的。第二，自然科学研究的可重复性也决定了实验方法可以在自然科学研究中得到广泛的应用。例如，一个典型的自然科学理论，如牛顿定律，因为它成立的外部条件可以得到控制，所以在验证它的时候可以通过不断改善实验环境与实验条件，对其进行反复检验。但由于社会科学的研究对象

---

* 基金项目：清华大学文科建设“双高”计划（2021TSG08101）。

** 朱旭峰（1977—），男，博士，清华大学公共管理学院教授、执行院长。主要研究领域为政策过程理论、智库与专家参与、科技政策、气候与环境政策、转型与公共治理等，E-mail：zhuxufeng@tsinghua.edu.cn。

是人或社会现象,所以社会科学现象难以重复,对实验方法的应用条件也有更加苛刻的要求。例如,有很多人研究“苏联为什么解体”,这是一个典型的具有社会科学特征的问题——苏联解体是一个不可重复的事件;同时,世界上再没有一个“未解体的苏联”作为控制组与“解体的苏联”进行对照,更不可能构建一个“未解体的苏联”进行实验。于是,学者们可以列举导致苏联解体的微观的、宏观的无数理由,但是这些理由是否真的对苏联解体产生影响、产生多大的影响,并不是容易回答的问题。

因此,要想对社会科学问题作出合理可信的解释,就需要研究者在开展研究之前进行科学严谨的研究设计。本文指出,成功的社会科学研究设计要求研究者具备如下四个条件:第一,具有属于社会科学领域的批判性思维方式,只有正确地指出已有研究的不足之处才能在前人研究的基础上进行创新。第二,给定预设,构建自己对社会的认识方式。只有将复杂的社会现实进行合理的抽象与简化,我们才能建立讨论问题的逻辑起点。第三,提炼概念,先通过精确的概念划定研究的范围,再保证整个研究中所贯穿的概念的界定前后一致。最后,提出科学的,即可被证伪的理论假设。下文将依次对上述四个条件进行深入阐释。

二、建立社会科学的批判性思维方式

我们所倡导的“批判性思维”远不仅指“批判意识”,其核心在于提出更加可靠的逻辑依据或经验证据,指出已有的研究成果不足并尽可能对其进行完善。缺少上述任何一个环节的批评行为都无法构成严格意义上的“批判”。

例如,经常有人诟病中国的经济数据不真实,随之批评利用中国官方公布的经济数据进行的研究其结论的不可靠。但是,在无法给出更加可信的统计口径和统计数据的前提下,这样的批评是没有意义的。针对这个问题,有意义的批判有两条路径:要么在相信政府数据的基础上进一步分析,如果这些数据是被高估了的,会对分析结果产生什么样的影响?如果它们是被低估了的,又会有什么样的结果?要么批评者能自己组织力量统计出一套更可靠、更让人信服的数据。否则,针对“数据不可信”的批评只能停留在“指责”的层面,无法构成严谨的“批判性思维”。

三、预设:对事实进行抽象与简化

社会科学研究是复杂的,更是难以被标准化的。社会科学的复杂性来源于社会事实的复杂性。所以,要想进行社会科学研究,首先要对复杂的社会现实进行抽象和简化,通过损失一部分信息来得到一个被概括或总结的世界。这样的抽象“尽管没有确切的证据,但我们姑且认为这是真的”。我们将这样的简化称为“预设”,即英文中的“assumption”。简化后的世界为研究者提供了作为讨论问题的基础共识。

需要注意的是,预设只是“被武断地认为是正确的命题”。如果从事实的角度出发,我们可以认为所有的“预设”都是错的。比如经济学中的一个经典预设:人是理性的。但事实是世界上没有一个人是真正理性的,研究者只是通过对人的特质进行简化和抽象,来为后续的理论推导或经验总结服务。例如,奥尔森的“集体行动理论”发现,“公共物品的特性决定了,当一群理性的人聚在一起想为获取某一公共物品而奋斗时,其中的每一个人都可能想让别人去为达到该目标而努力,而自己则坐享其成。”因此群体中的人越多,每个人参加集体行动的可能性就越小。在这里,奥尔森就将人视作理性的,他的理论也对当时很多社会动员的理论形成了冲击。与搭便车理论形成鲜明对照的就是勒庞的社会心理学理论,该理论指出,随着人数的增多,人与人之间的感染力会越来越大,每个人会越来越激动,他们发起集体行动或社会运动的可能性也就越来越大(赵鼎新,2006)。在勒庞的理论体系中,人是非理性的。由于二者对世界的简化与抽象存在根本差异,所以得出了截然不同的两种结论。正因为如此,虽然两个理论得到的结论完全相反,但两个理论都是对的。它们是建立在不同的对人的预设下,推演出来的人类的行为规律。

那么,如何对理论的预设进行合理的批评?所谓对理论预设进行合理的批评,实际上是为理论的研究对象或研究环境找到它的“隐含预设”——在过去的理论中被原作者遗漏的假设,只有在满足这个预设的基础上,这个理论才是适用的。也只有这样的批评才是合乎逻辑的。比如,爱因斯坦对牛顿的经典力学进行批判,发现了经典力学仅适用于低质量物体的低速运动。而低质量物体的低速运动,就是爱因斯坦发现的牛顿定律中的“隐含预设”。当物体的质量足够大到星体量级,运动速度快到接近光速时,牛顿定律将不适用。爱因斯坦所提出的相对论就能解释高质量物体高速运动规律,而牛顿定律则变成相对论的特例。又如,科斯对新古典经济学进行批判时,指出新古典经济学能够成立的隐含预设就是交易成本等于零。但当交易成本不等于零时,制度和产权界定才有用。基于交易成本不为零的预设而发展起来的交易成本理论、产权理论等重大突破,为新制度经济学的发展奠定了基础。科斯也因此获得诺贝尔经济学奖。

四、概念:用统一的标准划定精确的研究范围

研究者需要对研究方案中用到的术语赋予准确而清晰的定义,并用详细的、合理的方法表述它们。这里的"术语",就是研究设计中的重要组成部分——概念(克雷斯威尔,2007)。根据风笑天的说法,概念由定义构成,是对现象的一种抽象,它是一类事物的属性在人们主观上的反映。概念的抽象程度有高有低:抽象层次越高,其涵盖面就越大,特征也就越含糊;反之同理。具体到一个社会科学研究中,一个概念的抽象程度应该与整个研究的研究设计相吻合,既能准确反映研究的问题又能有效划定研究的边界。这就要求一个研究中的概念是精确且逻辑一致的。

每一个概念中总是包含一些案例,无论我们对这个概念进行什么样的定义,这些案例都在概念的指称范围之内;而与之相对的,总有一些案例是无论我们对这个概念进行什么样的定义,它都不属于这个概念的范畴;最后,剩下一部分"模糊地带"的案例,它们是否属于这个概念的范畴会根据我们对概念定义的变化而变化。而所谓"概念被精确定义"的情况,就是人们一旦提到一个与概念相关的案例,特别是处于"模糊地带"的案例,研究者可以立刻根据自己所理解的对这个概念的定义,来明确判断该案例是否属于这个概念的范畴。

什么是"模糊地带"的案例呢?我们讨论一个常见的概念——中国人。那么,光纤之父高锟,一个拥有英国和美国国籍的华裔科学家;马术运动员华天,一个后加入中国国籍的中英混血儿。这两位处于模糊地带的个案是否是"中国人"?可能有人认为是,有人认为不是。这取决于每个人心目中对"中国人"概念的界定。我们要界定概念,就是要服务于我们的研究目的。如果以"拥有中国国籍的人"来界定"中国人"的概念,那么高锟就不是中国人,而华天是中国人;如果以"拥有华人血统"为标准来界定"中国人"的概念,那么华天就不是中国人,而高锟是中国人。

社会科学的概念在定义中的主观性与常见的自然科学概念不同。自然科学的概念往往是可以迭代的共识。比如，我知道什么是“水”，你知道我知道这个概念，我又知道你知道我知道……如此迭代几次，基本上能够说大家都知道了。由于社会研究的概念往往不如自然科学中精确，同一社会科学的概念对不同研究者来说所指称的现象往往不同（风笑天，2009）。所以，在同一个社会科学研究之中，概念应该是具有逻辑一致性与标准确定性的。即，无论其他研究如何定义，在某一个研究内部此概念是确定的、唯一的；且在必要的情况下，这个概念是可以被后来者复制与沿用的。

虽然说，社会科学的概念不同人可以有不同界定，但还要考虑某些共识。例如要定义“智库”，可能会有人提出“智库是独立于政府的研究机构”。这个定义乍一看没什么问题，但是我们首先要问，什么叫“独立于政府”？如果我们如很多美国专家所理解的那样，把独立于政府定义为智库从不拿政府的钱，那就出现了一个问题：根据这个定义，兰德公司是不是智库？但是要知道，兰德公司 75%以上的经费都来自美国政府或军方。如果按照这样的智库定义来判断，那兰德公司就不应该算是智库了。但问题是，“智库”这一概念本身就是因为兰德公司的成立而出现，所以兰德公司永远应该在智库的概念里，这是整个智库行业的共识。如果一个智库定义导致连兰德公司都算不上是智库了，那只能说是智库的定义错了，而不是兰德公司错了。总之，要准确提出一个智库的概念，要不断地用各种组织的例子来挑战这个定义，直到定义者能将每一个例子都明确且合理地放在“智库”或“非智库”的分类中为止。直到这时，智库的概念才算被定义清楚。

每个学者都要加强概念界定的思维训练。我推荐这样的方法，就是在某个学者给出一个概念界定后，另一个人提及一个例子，问这个例子算不算那个概念。如果那个学者说，我也不知道，这个概念很复杂。那我们就知道，这个学者对概念并没有完全想清楚。比如张五常在他的《佃农理论》自序里就记载了这样一段故事。1968 年张五常问科斯：“假若苹果园的主人聘请养蜂者以蜂传播花粉，究竟是一家公司还是两家？”科斯回答不出来，张五常就知道公司的本质其实科斯还没有搞清楚。即使是科斯这样以《公司的本质》一文获得诺贝尔经济学奖的著名经济学家，有时候也经受不住别人对其核心概念的挑战。所以，概念界定的思维训练是每个人都需要加强的了。

五、理论:提出可以被证伪的科学假设

与“预设”相似,“(理论)假设”也是以命题的形式存在的,但二者存在本质的区别。前文已经说过,“预设”一定是错的,它只是一个我们姑且认为其正确的命题;而(理论)假设则是一个有待证明的命题,它可能是对的也可能是错的。假设的重要构成要素之一是变量。变量是具有不同取值状态的概念。比如,对于“民主国家”的概念而言,不同的民主国家有不同的“民主化”程度,那么“民主化程度”就是一个具有不同取值状态的变量。我们将包含因果关系的假设称为因果假设。在一个因果假设中,存在自变量(解释变量)与因变量(被解释变量)两个要素。前者是假设中的原因,后者是假设中的结果。

举个例子,“从 1980 年开始,中国领导人完成了从革命型向技术官僚的精英转换”(徐湘林,2001)。这句话很精炼,与我们常见的假设形式不同,但其本质仍然是理论假设。在这句话中,自变量是时间,有两个取值:1980 年以前和 1980 年以后。因变量是官僚精英的形成类型。它也有两个取值:革命型官僚与技术官僚。将这句话重新表述成社会科学常用的概率命题的方式,就是:1980 年以前,带过兵打过仗的官员更可能成为国家的领导;而 1980 年以后,有专业技术的官员,比如说工程师,更有可能成为国家的领导。徐湘林的这一假设是从经验型的问题出发的,我们可以将其称为“经验理论”。但是,上述命题只是停留在理论假设阶段,要想知道这一理论究竟是对的还是错的,我们可以用数据进行证明。但是,还有一类理论,是从一系列的预设出发进行推导,是不需要被证据证明,更无法被证据证明的命题(学术论文里,一般叫“定理”)。这样的理论被称为“形式理论”。例如,“集体行动搭便车模型”和博弈论中的“囚徒困境模型”就都属于形式理论。即便现实中出现了违反上述理论命题的现象,我们也不能拿这些现象来反驳上述理论(要反驳形式理论的观点,如前文所述,只能从发现形式理论的隐含预设入手)。

然而,无论是经验理论还是形式理论,如果是科学的命题,那必须都存在错误的可能性。换言之,科学的理论必然是具有可证伪性的(张杨,2007;尹海洁、庞文,2009)。所谓可证伪性,不是说我们(人类)能不能找到推翻这个命题的证据,而是说该命题是否存在错的可能性。比如,宇宙大爆炸理论,我们人类可能永远无法真的证明宇宙是否产生于一次大爆炸,但这个理论可能是对的也可能是错的,所以这个理论是科学的。所以,如果一个理论永远是对的,

则这个理论可能本身不是科学的。需要再次强调的是，一个理论是否是科学的不等于这个理论是否是优秀的。如果一个理论并不是一个科学的理论，那么它永远不可能“错误”。所以，“科学”在这里不是判断一个理论水平高低的标准。提出一个科学的理论假设的要求很低，只要它可能是错的就行。要提出一个高水平的“优秀”理论，则比较难，因为“优秀”的理论虽然肯定会错，但非常难被证明是错的。

理论假设是一项研究从理论过渡到实证研究的桥梁。一个高质量的理论假设是一个好的实证研究的基础。举一个劣质理论假设及其论证逻辑的例子。“由于空气污染越来越严重，患癌症的人越来越多。因为癌症的数字 50 年来扩大了 20 倍。”然而这个理论假设中的因果关系却是有问题的，因为近五十年来，由于医疗卫生水平的发展，人们的平均寿命得到了延长，而年长者患癌的风险远高于年轻者。过去很多人“来不及”得癌症，就可能因为其他疾病去世了。因此，以“空气污染”为自变量、以“患癌人数”作为因变量的因果关系能否成立是有待商榷的。

再举一个例子。某校园论坛上有这样一句话：“我听老师的教导，读书才能生活得好。后来我考上了大学，又读了博士，最后到了‘青椒’，现在我还是无房无车无女朋友。而我的同学，副市长的儿子，从小读书极差，但人家现在资产过亿，读书真没用，书真是白读了。”用上述证据去证明“读书无用论”，在逻辑上也是有漏洞的。因为在进行因果推断的时候，应该比较的是“不读书的我”和“读书的我”这两种情况，而不是“读书的我”和“不读书的市长儿子”。但在现实中，上面这两个理论被社会广泛接受，本质上是因为大多数人都缺乏对观察社会现象时的批判性思维训练。

六、一些建议：养成批判性思维习惯

本文通过厘清社会科学研究设计中的四个重要环节——培养批判性思维、明确预设、提炼概念、提出假设，简要还原了社会科学研究设计的关键过程。需要说明的是，本文讲述的研究设计基本思路只是一个大纲性质的思维过程。一份完整的社会科学研究设计还需要结合研究者提出的问题、可以获取的资源等要素，选择合适的研究方法，对研究进行技术层面的细化。即便如此，本文仍然对研究人员理解并发展已有社会科学研究成果、排除社会科学研究中常见的虚假逻辑关系具有重要的指导意义。最后,本文希望研究者养成有别于自然科学研究的社会科学思维方式,特别是批判性思维习惯,提供积极的启发和引导。为此,本文为社会科学实证研究的初学者提出以下三点建议。

第一,批判性地阅读高水平文献。首先要将精读和泛读相结合。要对国内与国外不同领域优秀期刊及其文章风格有所了解,并根据自己感兴趣的研究内容与方法选择深入学习的文章。同时,还要将吸收与批判相结合。无论多么高水平的经典文献都会存在缺陷。因此,在读完一篇文献之后,不能将前人观点当做"圣经"一样全盘接受,而是要学会寻找文献中存在的问题。那些拿着经典学术著作当名人名言,挂在嘴边当教条的人,反而是把"科学"的学术观点当作宗教来看待。只有能从高水平的文献中正确地指出存在的缺陷,甚至能指出并提出文献中缺陷的解决方案,才能在现有高水平理论成果的基础上推进人类对未知领域的理解。

第二,和学术同龄人开展辩论。对一项研究或一篇文章而言,其缺陷的大小决定了它能不能在高级别的刊物上出版。所以在一项研究成果面世之前,要尽量减少其存在的缺陷。所以,学术研究不是闭门造车,不要把自己的想法当作自己的传家宝怕别人拿走,不能指望凭借个人观点与努力就突然发表一部惊世之作,更不能抱有侥幸心理,觉得评阅人找不到自己的逻辑漏洞。要知道,每一部经典著作在面世前都要经过无数的质疑与批评来完善自己的内容与逻辑。因此,研究者要加强学术交流,例如参加学术会议,结交志同道合的朋友;参与同行间的辩论,提高自己研究的说服力。总之,研究者不仅要寻找机会,更要创造机会和学术同行讨论,在讨论的过程中不断接受来自他人的质疑和挑战,弥补自己研究的缺陷。应该在你的学术同行中充分讨论和交流,接受来自各个角度的批判和洗礼后,再拿论文去投稿。

第三,珍惜每一次投稿后的反馈意见。学术投稿和发表是个艰辛的过程。在最顺利的情况下,一篇英文论文从第一次投稿到最后被接收需要1～2年,从接收到刊出还要经过半年到1年。在整个过程中,研究者可能会面临多次"拒绝、再改投、再拒绝","批评、修改、再批评、再修改"的循环。甚至一篇文章在修改了多次后,也还可能被期刊拒绝。但是,即使被期刊拒绝,你也要根据修改意见及时修改文章,并对评审人的意见做出有针对性的回应,以期在下一次投稿时不再出现同样的问题。要将论文评阅人的批评理解为无价之宝。所以,即便冒着被拒绝的风险,研究者也要尽量投高水平期刊,因为高水平期刊往往能找到高水平的论文评阅人,反馈的意见水平也更高。通过从高水平审稿意见中反思自己的研究,研究者就能在未来研究过程中最大程度上避免犯同样的错误,自己的研究能力也就更高。

参考文献

风笑天，2009. 社会学研究方法[M]. 北京：中国人民大学出版社：25 - 28.

徐湘林，2001. 后毛时代的精英转换和依附性技术官僚的兴起[J]. 战略与管理(6):71 - 82.

尹海洁，庞文，2009. 证伪:社会科学研究的可能与必然[J]. 社会，29(4):130 - 147.

约翰・W.克雷斯威尔，2007. 研究设计与写作指导：定性、定量与混合研究的路径[M]. 重庆：重庆大学出版社:114 - 119.

张杨，2007. 证伪在社会科学中可能吗？[J]. 社会学研究(3):136 - 153+244 - 245.

赵鼎新，2006. 集体行动、搭便车理论与形式社会学方法[J]. 社会学研究，(1):1 - 21.

研究文章

国家公园生态旅游与精准扶贫耦合协同评价

——以神农架国家公园为例*

李　磊　李明起　马韶君**

摘　要：生态旅游扶贫作为“五个一批”脱贫的重要组成部分，对促进贫困地区人口致富大有裨益。国家公园地区以生态旅游业为主导，存在着经济与环境的双重掣肘，更需获得精准扶贫政策扶持。考量到精准扶贫强调持久性的特点，本文以现处于规避返贫风险阶段的神农架国家公园为例，使用当地2008—2018年的生态旅游和精准扶贫数据，对其进行耦合分析，研究结果表明：①2008—2015年，耦合度及耦合协调度均处初级水平；2015—2018年，耦合协调度由中度协调变化为高度协调，变化过程主要受经济及政策环境影响。②目前当地生态旅游与精准扶贫协同效果良好，但未达到最佳状态。基于此，本文从资源利用、产业结构、组织结构、旅游效益四个方面提出了相关对策。

关键词：国家公园；生态旅游；精准扶贫；耦合关系；神农架

一、问题提出

在绿色理念背景下，生态旅游业逐渐成为旅游条件优越地区的重要动力，能在满足最优化配置内外部各类资源前提下，扩大旅游区的综合效益。在

---

* 本文得到国家自然科学基金面上项目(72174139)、国家自然科学基金面上项目(71874120)、天津市哲学社会科学规划课题(TJGL16－016)、天津市研究生科研创新项目(2019YJSB186)资助。

** 李磊(1980—)，男，博士，天津大学管理与经济学部教授、博士生导师，研究方向为城市治理创新、资源配置理论及算法，E-mail：lilei@tju.edu.cn；李明起(1998—)，女，天津大学管理与经济学部硕士生；马韶君(1993—)，通讯作者，男，天津大学管理与经济学部博士生。

2014年中央办公厅正式出台精准扶贫政策后,生态旅游扶贫随之成为产业扶贫的一种创新方式,《关于进一步做好当前旅游扶贫工作的通知(2018)》更是强调了扎实推进生态旅游发展与扶贫开发有机融合的现实意义。

生态旅游最早由墨西哥学者Lacsurain于1987年提出,被定义为:未被干扰或污染的,以研究或观光天然景色、野生资源以及文明现象为目的的旅行。国外学者较早观察到了生态旅游的扶贫效应,发现生态旅游对提高居民生活水平具有明显的正向效应(Suntikul,2009),对于旅游资源丰富的贫困地区人民来说,生态旅游岗位相比其他工作,可为其提供最高的就业薪酬(Chirenje,2017),肯定了生态旅游在区域经济发展中的正向影响。精准扶贫是我国政府为克服粗放扶贫弊端而进行的改进工程,自被提出以来,就引起了学术界的注意,我国贫困地带多为自然资源丰富的偏僻山区,因而有不少学者将精准扶贫与生态旅游相并讨论。已有理论证明,生态旅游对促进环境保护、脱贫攻坚与经济高质量发展协同具有重要意义(陈慧萍,2019),同时精准扶贫又能通过完善基础设施等途径,促进生态旅游规模的扩大和生态旅游产业的优化(何星,2017),两者在时间、空间、主(客)体等方面存在着紧密的耦合机理(胡伟等,2018),且具有共同一致的目标(李喜梅,2017)。因此,生态旅游与精准扶贫之间呈相辅相成、相互支撑的关系(卢玉平,2018;朱珈莹,2020),即生态旅游的发展,有助于增加贫困地区人口的就业机会,改善人民生活环境,最终实现脱贫致富;反之,精准扶贫的推进,有利于增强贫困地区人民的归属感,提高居民对旅游业规划的参与热情。因此,生态旅游与精准扶贫的融合发展可以理解为:利用先天性环境资本和后天性集约扶助,以点带面地挖掘整个地区的经济要素,其实质不只是生态旅游的延伸,也是精准扶贫的革新。

生态旅游与精准扶贫作为两个具备协同点但同时又存在差异的不同领域,在双方耦合发展的过程中,必然也会受到诸多外部因素的影响,包括参与主体的配合度、基础设施建设水平、政策规划的合理性、产业的融合度、资源利用的创新方式等等,其中生态资源的合理开发是最基本的前提(汪德根,2020)。有学者立足于乡村生态旅游的可持续发展,指出应因地制宜开发生态旅游精品,注重生态旅游开发资金引入及人才引进,打造“互联网+生态旅游”营销模式(卢玉平,2018);有学者针对特困山区,认为生态旅游扶贫模式的主要机制是:基础设施是基础动力,产业结构是直接动力,政府支持是外在动力(王新敏,2020);还有学者以连片特困区作为个案,建议从加大基础设施投资与建设、重视生态资源合理开发与升级整合、加强文化资源开掘利用与创新发展等三个方面着力(黄渊基,2017)。总的来说,生态旅游与精准扶贫的耦合协调发展是一项复杂的系统性工程,资源利用是否合理、产业结构是否高级、政府权力是否运用得当均是影响生态旅游与精准扶贫二者合力效果的重要因子。

神农架国家公园作为第一批国家公园体制试点区之一,被赋予了高度的政治意义,当地为适应生态文明体制改革背景,一直以生态旅游区作为平衡环境保护与居民脱贫的关键。在政府及社会多方努力下,其生态旅游产业和精准扶贫事业均取得了阶段性成效,且在2018年顺利完成脱贫指标。然而精准扶贫所强调的是长久性而非暂时性,当地在精准扶贫政策退出后是否仍可以继续保持原有生态效益?是否就将不存在返贫风险?这一问题还有待考量。

根据以上论述,可知国内外学者在生态旅游与精准扶贫两者间的关系层面已经取得了共识,不过关于如何强化二者关系仍停留在较低层次。此外,在研究方法上,现有研究多采用定性方法,虽有学者运用了数据和模型,但是相对于整体研究成果来说依旧稀少,且选取的案例较为宏观,多以一省为例,缺乏典型性和代表性,致使推广性有限。基于现实需求和理论不足,本文拟采用熵值赋值及耦合模型,选取神农架国家公园作为案例,探析当地生态旅游与精准扶贫近10年的耦合协调程度,并从强化两者的广度、深度、有效性及可持续性四个方面提出对策,以期为该地区升级生态旅游和健全返贫机制提供有益借鉴。

二、研究设计

(一)研究区概括

1. 研究区生态旅游现状

自20世纪90年代以来,神农架地区政府确立了建设生态经济示范区和国际知名生态旅游地区的目标。神农架拥有丰富的文化景观和生态旅游资源,在政府支持和外部投资的帮助下,当地充分利用这一天然优势,于2012年成为国家5A旅游景区,现有四个国际生态旅游目的地。据图1可知,神农架国家公园生态旅游业收入逐年上升,且态势良好。

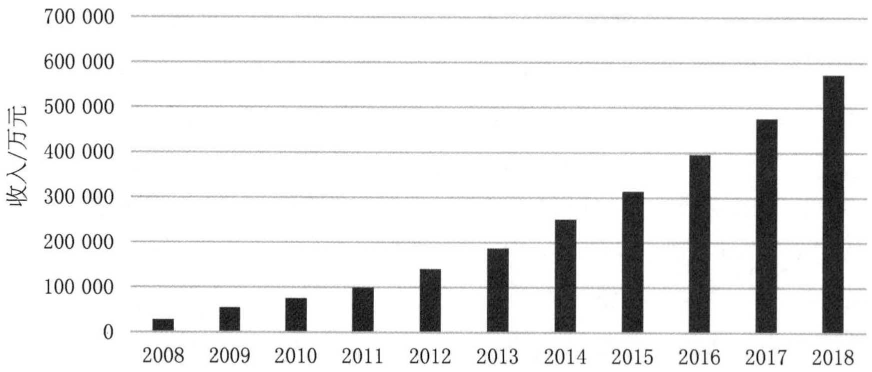

图 1　神农架国家公园 2008—2018 年旅游收入

2. 研究区精准扶贫现状

神农架国家公园的精准扶贫事业在扶贫办的推进下,得到了扎实有序的落实。当地《国民经济和社会发展统计公报》显示,2017 年全区综合贫困发生率为 0.91%,脱贫 1 463 户、3 294 人;2018 年,湖北省人民政府正式批准其退出贫困县。

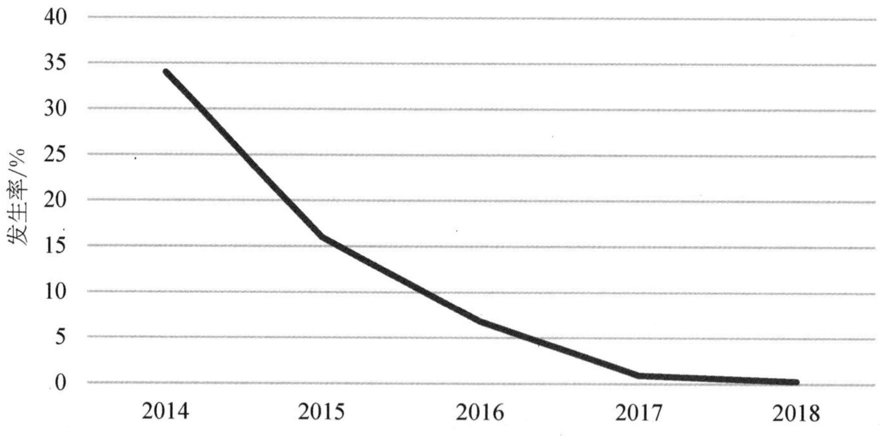

图 2　神农架国家公园 2014—2018 年综合贫困发生率

结合贫困人口占比变化,可知神农架国家公园的扶贫工作在政府扶贫部门、社区居民及企业等多方主体的通力协作下,取得了良好效果,且当地政府对人口返贫等危险要因表现出了较高警惕性。

（二）研究框架

首先借助熵权法以确定指标权重，其次基于耦合协调理论，构建出符合神农架国家公园实际情况的生态旅游与精准扶贫耦合模型，进而使用相关数据，得到神农架国家公园生态旅游与精准扶贫在2008—2018年间的耦合水平及变化趋势，最终从政府视角下提出规避返贫风险、提升生态旅游业经济效益的对策建议（如图3所示）。

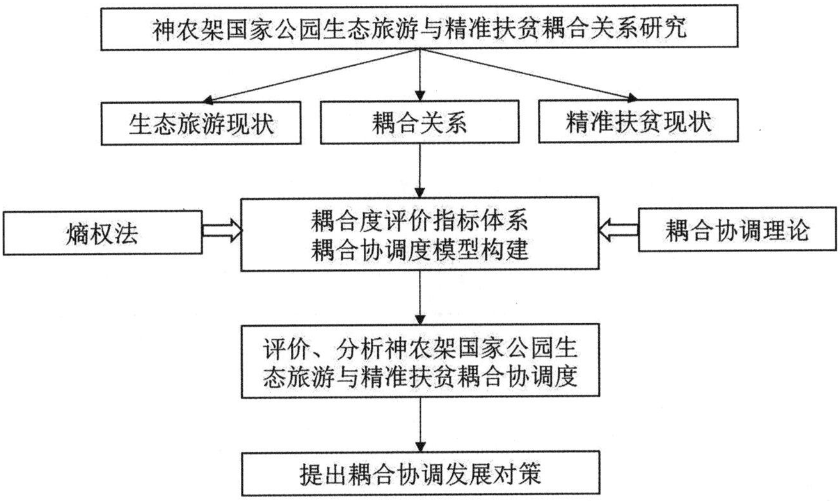

图3　研究框架

（三）选取及计算指标

本文遵循指标体系原则，借鉴以往专家学者使用的耦合关系指标（秦趣，2020），同时结合神农架国家公园的具体特征来构建指标体系。基于神农架地区已经形成了以生态旅游为主导的旅游业体系的现实背景，故设计旅游总收入、旅游收入占比、全年接待人次、旅客周转量、旅客运输量5个指标，用以衡量当地生态旅游的发展水平，这些指标具体直观，且便于获取（曹兴华，2018）。其中旅游总收入及其所占比重能有效反映生态旅游业在地区经济发展中的重要性问题，同时也能明确生态旅游在精准扶贫中的重要程度（钟小东，2019）。在选取精准扶贫指标上，从经济、公共设施两个方面进行指标设计（张志娟，2018），以全面体现当地经济发展状况及贫困情况，详见表1。

进而采用熵权法确定评价指标体系中的各个因子权重，具体计算过程如下：

首先对收集数据进行标准化处理,

$$x_i{}' = \frac{X_i - \min\{X_i\}}{\max\{X_i\} - \min\{X_i\}}$$

其次,定义熵 H_i :

$$H_i = -\frac{1}{\ln n}\left(\sum_{i}^{t} f_{ij} \ln f_{ij}\right)$$

$$i=1,2,3\cdots t, j=1,2,3\cdots k$$

在定义各个评价指标的熵后,计算出每个评价指标的熵权值定义。

$$\omega_i = \frac{1 - H_i}{n - \sum_{i=1}^{t} H_i}$$

通过运算,得到表1所示的各因子权重。

表1　神农架国家公园生态旅游与精准扶贫的耦合协调度评价指标体系

主体	指标		编号	权重
生态旅游	旅游总收入(万元)		a1	0.1902
	旅游收入占总收入的比重(%)		a2	0.1453
	全年接待人次(万人次)		a3	0.1444
	旅客周转量(万人)		a4	0.2741
	旅客运输量(万人)		a5	0.2450
	一级指标	二级指标		
精准扶贫	经济效益	人均可支配收入(元)	b1	0.1065
		第三产业比重(%)	b2	0.1320
		贫困人口比重(%)	b3	0.2023
		地区恩格尔系数(%)	b4	0.2036
	基础设施效益	通公路率(%)	b5	0.1556
		通电话率(%)	b6	0.1659
		计算机普及率(%)	b7	0.1165
		城镇化率(%)	b8	0.1221

(四)建立耦合模型

1. 耦合度模型

随着学科的交叉融合,“耦合”被广泛用于社科领域。为有效探析生态旅游与精准扶贫的耦合关系及整体协同效应,本文引入物理学容量系数来构建本次研究主题的耦合度模型,公式如下:

$$C=\sqrt[2]{\frac{f_x \times g_y}{(f_x+g_y)^2}}$$

在该式中,f_x 为生态旅游数值,g_y 为精准扶贫数值。C 为耦合度(取值为 0~1),C 趋于 1 时,表示两个系统间趋于良性耦合状态;C 近于 0 时,代表两系统耦合度倾向于独立无序状态。按照物理学耦合阶段的划分,本文将生态旅游与精准扶贫耦合状态分为 3 个类别:当 $0 \leqslant C \leqslant 0.3$ 时,代表生态旅游与精准扶贫之间耦合水平较低,两者均处于起步时期;当 $0.3 < C \leqslant 0.7$ 时,表示两者处于中等耦合阶段,生态旅游与精准扶贫获得了突飞猛进的发展;当 $0.7 < C \leqslant 1$ 时,说明生态旅游与精准扶贫水平达到了最佳层级。

2. 耦合协调度模型

由于耦合度模型并不能完全阐释生态旅游与精准扶贫协调发展程度,所以引入协调度构设耦合协调度模型,公式如下:

$$P=\sqrt{T \times C},T=\alpha f_x+\beta g_y$$

T 表示生态旅游与精准扶贫的耦合协调发展水平的综合评价指数,取值为[0,1],T 值越大,表明耦合协调度越高。C 表示生态旅游与精准扶贫耦合系统的耦合度,用以反映两者相互作用的强弱。在两个系统相互作用的过程中,一方对另一方的作用程度可能存在差异,因此加入 α 和 β 两个系数,分别代表生态旅游和精准扶贫的贡献系数,参考其他学者研究,将 α 和 β 分别设定为 0.38 和 0.61。

表 2 生态旅游与精准扶贫耦合协调度评定分级

耦合协调度	分级
0~0.40	低度协调耦合
0.41~0.50	中度协调耦合
0.51~0.8	高度协调耦合
0.81~1	极度协调耦合

(五)数据来源

本文数据来源于湖北省统计年鉴、神农架林区人民政府网统计文件、神农架林区政府年度报告、中国知网及实地调研信息,可信度较高。

三、神农架国家公园生态旅游与精准扶贫耦合关系分析

(一)神农架国家公园生态旅游与精准扶贫综合发展水平评析

1. 生态旅游综合发展水平

将神农架国家公园生态旅游2008—2018年数据代入公式中,得到如图4所示的生态旅游综合发展曲线。

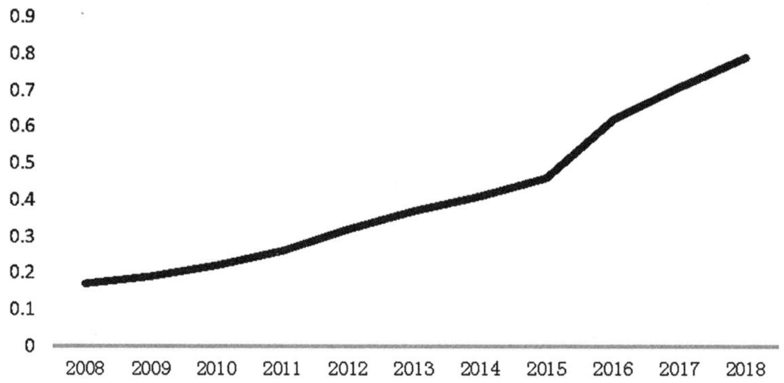

图4 神农架国家公园生态旅游综合发展水平曲线

由图可知,在10年时间里,神农架国家公园生态旅游发展水平从0.17增加到了0.79,整体呈上升态势。在2008—2014年中,当地生态旅游发展增幅较慢,生态旅游与精准扶贫的结合效果并不明显,当地政府处于摸索阶段;在2015年之后,当地生态旅游发展水平开始加快提升。经过访谈,归纳出如下原因:一方面是神农架地区为打通输运“最后一公里”,自2015年以来着力修建和完善交通网络。如在2015年“郑万”铁路神农架建站获国家批复,“保神”高速公路关键节点工程奠基,并且完工新修农村公路108公里,不仅便捷了园内人员物资的沟通,也方便了园外社会公众的进出;另一方面是全域旅游规划的制定。神农架政府区长在2015年倡导科学合理、突出特色地打造神农架全域旅游景区,为缓解各个景区的承载量提供了可行路径。在2015—2018年中,

精准扶贫政策所包含的扶持方案为神农架地区生态旅游的快速发展提供了支撑力量，两者耦合关系产生了正向效应，而当地政府也开始从两者原本分离的发展脉络中寻找契合点，正是在完善基础设施和深入开发生态旅游的综合作用下，神农架国家公园生态旅游才具备了现有规模。

2. 精准扶贫综合发展水平

将神农架国家公园精准扶贫数据代入公式后，绘制出如图 5 所示的精准扶贫综合发展曲线。由图可知，神农架国家公园精准扶贫的发展水平逐年上升，2015—2018 年其曲线变化速度明显强于 2008—2014 年，说明经过一段时间的磨合，当地精准扶贫与生态旅游之间的协调性逐渐优化，对神农架国家公园的共同贡献值越来越大。其中，2015 年作为神农架精准扶贫发展过程中的转折点，必然受到了政府决策的导向影响。调查得知，神农架林区于 2015 年召开了精准扶贫誓师大会，进一步细化了时间节点，强调了以生态旅游为主体的产业结构，并做出了“两年解困，三年脱帽”的重要承诺，这为当地精准扶贫事业的推进增添了巨大推力。在政府积极作为下，神农架国家公园在 2016 年的社会救助范围进一步扩大，贫困人群的社会保障体系得到完善；在 2017 年，脱贫户收入全部达到现行贫困线以上；在 2018 年，湖北省政府正式批准其退出贫困区域。以上体现了精准扶贫与生态旅游在互动过程中对各自受益性由小到大的变迁。

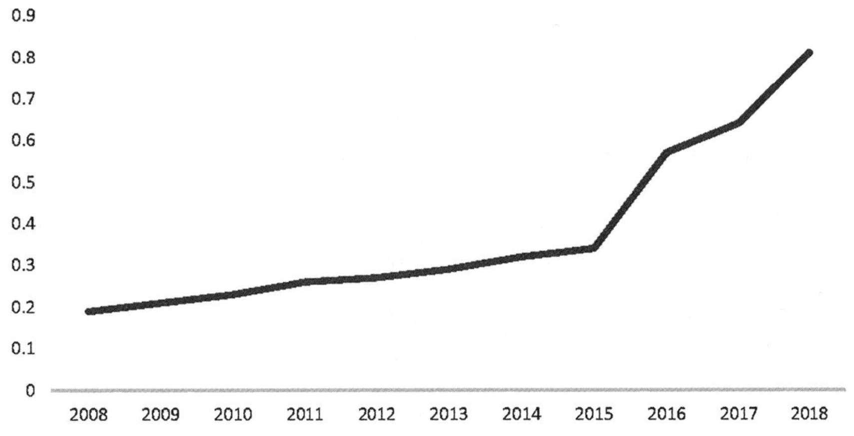

图 5　神农架国家公园精准扶贫综合发展水平曲线

（二）神农架国家公园生态旅游与精准扶贫耦合协调度分析

为清楚展示神农架国家公园生态旅游与精准扶贫耦合程度的演化趋势，

本文绘制了如图 6 所示的生态旅游与精准扶贫耦合度及耦合协调度变化曲线。依据二者耦合度的变化特点,将耦合度曲线划分为两个阶段。

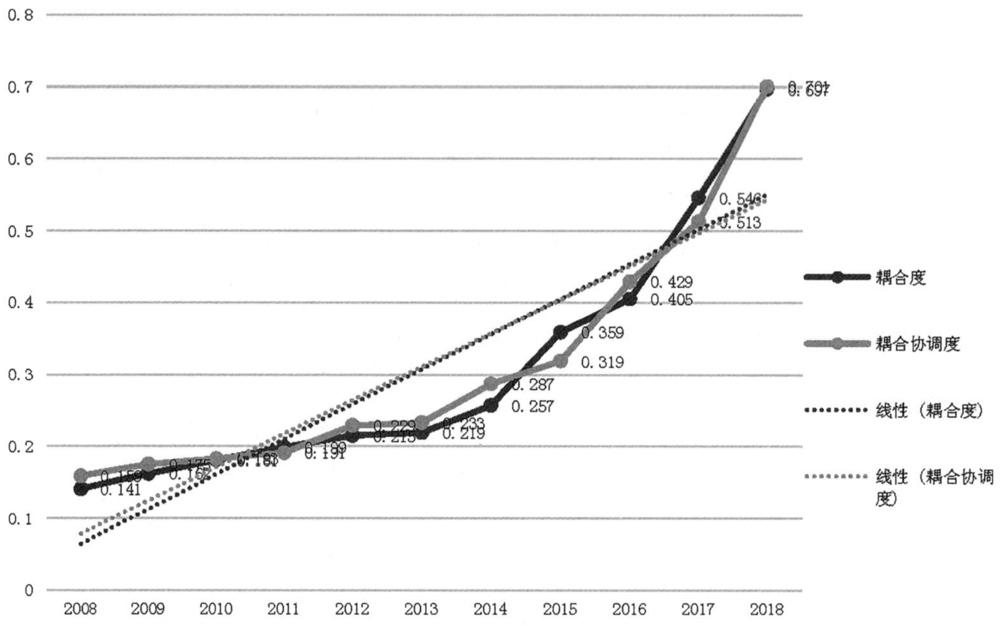

图 6 神农架国家公园生态旅游与精准扶贫耦合度及耦合协调度变化曲线

(1)起始阶段(2008—2014 年)。在 2013 年习近平总书记作出"精准扶贫"指示后,精准扶贫便成为神农架政府十分紧迫的民生工程。在 2008—2015 年中,当地生态旅游与精准扶贫的耦合度和耦合协调度均处于水平较低阶段,且增幅较慢,说明在这一时期,生态旅游与精准扶贫的结合程度并不紧密。一方面,生态旅游因受到规模大小和服务水平等限制,对精准扶贫的促进作用不显著;另一方面,精准扶贫所带来的基础设施、生态环境并没有充分被生态旅游所利用,两者互动效应不强。据神农架政府工作报告可知,在这一期间,当地还未拥有一个功能全面的旅游信息指挥中心,管理不善在一定程度上也阻碍了双方耦合程度的加深。

(2)发展阶段(2015—2018 年)。自 2015 年开始,两者耦合度及耦合协调度开始有了大幅度提高,2016—2018 年的耦合度到达中等耦合水平;除此,耦合协调度也由 0.319 升至 0.701,由中度协调转变为高度耦合。

数据表明随着我国脱贫攻坚事业进入攻坚期,精准扶贫对全面脱贫的引领作用逐渐显现，对生态旅游的辐射影响与生态旅游的产业要求趋于重叠。根据神农架官方数据可得，当地贫困人口占比在 2016 年首次下降到个位数，体现出神农架国家公园扶贫工作取得了阶段性成效。结合历史背景来看，这一成效离不开政府在就业、社会保障、交通运输和旅游业等方面的完善：就业方面，神农架政府为改善民生，在 2016 年创设新增就业岗位 5 727 个，新开发公益性岗位 581 个；2017 年开始推行“旅游＋”扶贫，全区旅游农家乐累计达 707 家；2018 年依托“春风行动”，配合重大工程建设，新增就业岗位 1 510 个，有效解决了居民失业问题。社会保障上，当地政府以易地扶贫搬迁为重点，在 2016 年完成 1061 人搬迁，在 2017 年再次转移 15 672 人，在 2018 年全区 15 783贫困对象全部达到“两不愁三保障”条件。交通运输业方面，2016 年新修农村公路 81.6 公里，实现了村村通客车；2017 年硬化农村公路 103 公里，实施公路安全生命防护“455”工程；2018 年新修农村公路 47.8 公里，交通运输线路的完善为外来人员的进入提供了高度便捷性。旅游业上，当地政府主要以产业转型为发展方向，如在 2016 年编制了《神农架东北部片区旅游资源开发规划》和《神农架城乡统筹总体规划》；在 2017 年完成全域旅游规划编制，并完成重点景区标志标牌、停车场、旅游厕所、重要节点景观改造升级；在 2018 年巩固旅游传统六要素，推进研学游、工业游、冰雪游、文体游、康养游五大旅游新业态，这些改造措施为提升神农架品牌知名度注入了巨大动能。

四、结论与建议

（一）结论

通过以上论述，可知两者耦合协调度经历了低度协调到中度协调，再到高度协调的变化，协调作用总体由弱变强，表明二者之间的耦合协调性随着神农架政府生态旅游政策与精准扶贫政策的精准化实施，双方在社会经济发展与社会生活水平提升中所发挥的共性作用越来越强，可持续性发展潜力巨大，能在未来一定时期内为神农架经济增长做出巨大贡献。2018 年两者协调度到达 0.701 的高峰值，这与神农架积极发挥其充分的旅游资源优势，大力扶持生态旅游产业政策有关，但同时也因精准扶贫政策本身具有的艰难性、复杂性、系统性等特征，导致生态旅游与其政策之间需要时间协调，这也为神农架生态旅游产业和精准扶贫政策之间的进一步嵌入指明了方向。综合来说，神农架的生态旅游与精准扶贫之间的耦合度和耦合协调度均呈现出可观的增长趋势，但两者耦合关系还有待进一步增强，不能忽视其协调程度依旧处于高度协调一级中的中等层次，在今后仍需继续改进。

（二）建议

对于神农架国家公园地区而言，虽然已经如期完成脱贫任务，但是其生态旅游与精准扶贫两者间的相互作用水平仍未到达最佳理想值。在终结精准扶贫政策后，当地政府不可避免地要思考如何最大程度地发挥生态旅游业的支柱性作用，以确保长久脱贫。因此，本文提出如下建议。

一要合理利用资源，以强化两者耦合广度。首先，当地村镇在新农村建设及精准扶贫政策扶持下，大部分公共基础设施焕然一新，虽改善了人居环境，却也弱化了原本的乡土风貌。如能将媒介设备与历史标记相结合，会使游客获得一种现代与历史的时空交叉感，而后自发成为神农架的宣传者。此外，目前神农架地区所销售的旅游产品同质化特点突出，旅游部门一方面要开发以神农架文化为主题的画册、纪念币、挂历、怀表和纪念章等一系列相关纪念品，另一方面必须采用财政手段，鼓励企业引进先进技术，生产精致特色的产品。在娱乐项目上，可以开设生态垂钓活动、开设生态徒步探险竞赛等。

二要升级产业结构，增强两者耦合深度。一方面要振兴农林产业，如建设农林公园、田园综合体等新业态，或是对茶园或者菜地进行改造，引进采摘项目。另外要探索文旅融合，助力增收致富。发掘旅游产品的文化内涵，如神农氏采药传说与景区建筑相结合，加深游客对该景点内涵的理解；以生动有形的方式传达产品的传统文化气息，借助科技演示牌或信息化平台，陈列歌舞、手工艺商品和纯艺术品；使用现代科技，采用全息投影、球幕影院等技术，创造“沉寂式互动体验”产品，让游客在真实与虚幻交错的视觉享受中理解文化底蕴。

三要改善组织结构，加强两者耦合有效性。一是实施项目负责制，神农架国家公园今后仍然面临着较为艰巨的转型发展任务，而地方执行人员的责任到位是实现政策“最后一公里”的重要保障，因此有必要建立完善项目领导分包责任制，把考察结果与晋升资格相连，倒逼部分“懒政怠政”人员端正为民服务态度。二是完善市场监管，注重强化对自身和其他组织的监管，构建一个容纳工商部门、税务部门、公安部门以及食品检验机构等在内的综合监管体系，力求为当地发展旅游资源扫除潜在障碍。

四要注重旅游效益，保障两者耦合可持续性。针对神农架国家公园存在的管理主体权责不清晰及服务人员“留不住”问题，一建一个专业化的旅游管理机构，由该机构统一负责招聘、录用及管理全体人员。二在薪资、住房、子女教育等物质方面做好全方位保障，以增强高素质人群在当地旅游行业的就业意愿。三是为本地居民增设岗位，本地居民对景区特色及人文风貌更为熟悉，为游客介绍神农架宏观情况将更加真实生动。同时也要深化智慧旅游，数据化、信息化的管理思维对产业培育尤其重要（李磊等，2020），当地管理部门可借助“旅游＋互联网”模式，打造高端便捷的线上信息平台，实行以神农架政府主导、旅游企业联合、网络自媒体等媒介跟进的“三位一体”营销模式。

参考文献

曹兴华，2018. 基于耦合模型的民族地区农业生态旅游与农业经济协调发展研究——以四川省甘孜藏族自治州为例[J]. 中国农业资源与区划，39(08)：205－210.

陈慧萍，2019. 生态人类学视角下民族地区生态旅游扶贫研究——以贵州省中洞苗寨为例[J]. 贵州民族研究，40(12)：139－145.

何星，覃建雄，2017. ST-EP 模式视域下的旅游精准扶贫驱动机制——以秦巴山区为研究对象[J]. 农村经济(10)：86－90.

胡伟，翟琴，2018. 乡村生态旅游与精准扶贫耦合机理及联动路径研究[J]. 生态经济，34(10)：137－140.

黄渊基，2017. 连片特困地区旅游扶贫效率评价及时空分异——以武陵山湖南片区 20 个县(市、区)为例[J]. 经济地理，37(11)：229－235.

李磊，马韶君，郑依琳，2021. 府际关系视角下新兴产业合作的组态路径——基于模糊集的定性比较分析[J]. 城市问题(03)：57－64.

李喜梅，2017. 河南省生态旅游与精准扶贫协调发展的 SWOT 分析[J]. 地域研究与开发，36(06):93－97.

卢玉平，2018. 精准扶贫视角下福建省乡村生态旅游模式开发研究[J]. 农业经济(8)：36－38.

秦趣，胡泽黎，刘安乐，赵增友，陈莹，2020. 贫困山区旅游扶贫与生态环境耦合协调关系研究[J]. 世界地理研究，29(06)：1272－1283.

汪德根，沙梦雨，朱梅，2020. 国家级贫困县旅游资源优势度与脱贫力耦合分析——以 433 个脱贫县为例[J]. 人文地理，35(05)：111－119＋149.

王新敏，苏建军，宋咏梅，2020. 山西太行特困区生态旅游精准扶贫绩效空间分异与形成机理[J]. 生态经济，36(07)：140－146.

张志娟，2018. 河南省乡村旅游精准扶贫绩效评价——以固始县为例[J]. 中国农业资源与区划，39(10)：184－190.

钟小东，2019. 生态旅游与精准扶贫的耦合关系研究——以海南省为例[J]. 林业经济，41(02)：92-97.
朱珈莹，张克荣，2020. 少数民族地区生态旅游扶贫与乡村振兴实现路径[J]. 社会科学家(10)：59-64.
Chirenje L I, 2017. Contribution of ecotourism to poverty alleviation in Nyanga, Zimbabwe [J]. Chinese Journal of Population, Resources and Environment (02): 5-10.
SUNTIKUL W, BAUER T, SONG H, 2009. Pro-poor tourism development in Viengxay, Laos: current state and future prospects [J]. Asia Pacific Journal Research, 4(2): 153-168.

Evaluation of the Coupling and Synergy between Ecological Tourism and Targeted Poverty Alleviation in National Parks
——A Case Study on Shennongjia

Li Lei Li Mingqi Ma Shaojun

Abstract: As an important part of "five batches" poverty alleviation, ecotourism poverty alleviation is of great benefit to promoting the prosperity of the population in poverty-stricken areas. The national park area is dominated by ecological tourism, there are double constraints of economy and environment, so it needs to be supported by targeted poverty alleviation policies. Taking into account the characteristics of precision poverty alleviation emphasizing persistence, this paper takes Shennongjia National Park, which is currently in the stage of avoiding the risk of returning to poverty, as an example, and uses the local ecological tourism and precision poverty alleviation data from 2008 to 2018 to conduct a coupled analysis. The results show that: (1) From 2008 to 2015, the coupling degree and the coupling coordination degree were both at the primary level; from 2015 to 2018, the coupling coordination degree changed from moderate coordination to high coordination, and the change process was mainly affected by the economic and policy environment. (2) At present, the synergy between local ecological tourism and targeted poverty alleviation is good, but it has not reached the best state. Based on this, this paper puts forward relevant countermeasures from four aspects: resource utilization, industrial structure, organizational structure, and tourism benefits.

Key words: national park; ecological tourism; targeted poverty alleviation; coupling relation; Shennongjia

发展性社会工作介入民族地区易地扶贫搬迁移民社会适应的实践研究

——以云南省 X 新村为例*

徐选国　王寒温　秦　莲**

摘　要：目前我国已实现全面脱贫的胜利，并进入脱贫攻坚与乡村振兴的关键衔接阶段。在这个衔接过程中，易地扶贫搬迁移民的社会适应成为巩固脱贫攻坚成果、助力乡村振兴目标亟待关注的核心议题。在实践中发现，云南省 X 新村的易地扶贫搬迁移民承受着"发展主义"取向下传统与现代的二元张力，呈现出留不住的传统与进不去的现代这一"双重脱嵌"悖论，并表现出多重结构性社会适应困境。笔者借助发展性社会工作视角，从需求聚焦、以文化—教育—社区发展"三位一体"的整合性实践路径出发，针对云南省 X 新村移民适应问题进行专业介入和服务实践，一定程度上改变了悬浮与游离的适应状态，促进了易地搬迁移民个体能动性、文化主体性，以及社区公共性的有效连接，为社会工作介入民族地区社区发展提供了专业服务经验和理论指引。

关键词：发展性社会工作；民族地区；社会适应；文化敏感性

一、问题提出与文献回顾

随着 2021 年 2 月 25 日习近平总书记在全国脱贫攻坚总结表彰大会上宣

---

* 本文系国家社会科学基金项目"精准扶贫背景下社会工作驱动乡村社会有效治理的路径与模式创新研究"(19BSH175)和国家社会科学基金重点项目"乡村振兴战略中的社会工作实践模式与理论创新研究"(19ZAD021)的阶段性成果。本文曾在《实证社会科学》2021 年第一次专题工作坊上进行宣读，感谢与会专家及匿名评审专家极具建设性的修改意见，文责自负。

** 徐选国(1987—)，男，博士，华东理工大学社会工作系副主任、副教授，主要研究社会工作理论、社区社会学等，E-mail：xxg870530@163.com。王寒温，华东理工大学社会工作学硕士研究生，主要研究社区社会工作。秦莲，华东理工大学社会工作专业硕士研究生，主要研究社区社会工作、公益慈善。

告困扰我国几千年的绝对贫困问题得到了历史性的解决，脱贫攻坚取得了全面胜利，农村地区进入脱贫攻坚与乡村振兴衔接的关键阶段。

回溯与总结脱贫攻坚时期的相关工作可以发现，社会工作一直是脱贫攻坚的重要力量，同精准扶贫具有一定的同构性，在专业理念与方法等层面也具有一定的优势与功能（王思斌，2016；李迎生、徐向文，2016）。2017年民政部、财政部、国务院扶贫办出台的《关于支持社会工作专业力量参与脱贫攻坚的指导意见》更加体现了国家对社会工作参与脱贫攻坚的重视，为社会工作参与扶贫事业提供了制度合法性。对于民族地区而言，经济发展与文化持守是民族地区发展的两大任务，社会工作对促进民族地区的经济社会发展具有重要意义（王思斌，2012）。民族地区的社会工作实践也围绕民族地区经济发展和文化持守两个主题开展。具体而言，可以将现有关于农村地区反贫困以及民族地区经济社会发展的研究概括为以下几个方面：一是社会工作介入反贫困与民族地区发展问题的相关理论研究。钱宁（2017）提出农村社会工作应秉持“内源发展”的理念参与精准扶贫，开展以主体性培育、能力建设、社区组织建设以及文化建设为内容的反贫困社会工作。文军（2021）从“主观—客观”与“个人—结构”两个维度，综合人本主义视角、赋权理论、批判主义视角以及批判—建构视角进行“社区为本”的反贫困的理论建构，以此来满足贫困群体的多元化需求。二是社会工作介入反贫困与民族地区发展问题的实践策略与实践模式的探索。一方面是对社会工作理论的本土实践探索。张和清等（2008）在云南绿寨探索优势视角下以能力建设与资产建设为核心的农村社会工作实践模式，将社区民众作为发展过程中的主体，并探索形成社区为本的乡村生态、生计、生活可持续发展的社会工作干预模式（张和清、尚静，2021）。而陈涛（2018）、邓锁（2019）等学者则进一步带动了发展性社会工作在反贫困与民族地区发展中的运用。另一方面是对民族地区社会工作介入的文化视角的强调。在民族地区开展社会工作需要具有文化敏感性，需要避免“文化识盲”问题（古学斌等，2007），开展具有“文化适切性”的社会工作服务，采取“边界跨越”与“文化敏感”的民族社会工作实践策略与发展路径（王旭辉等，2012）。社会工作以文化为切入点，以赋权与能力建设为指导思想，聚焦个体文化能力、社区文化能力以及社群文化能力三重面向，针对民族地区民众开展文化能力建设的社会工作实践（宋爱明、任国英，2021）。同时少数民族地区的社区文化资产可以作为一种优势进行激发，不仅能够打破发展主义的逻辑，对实现社区民众的赋权与推进社区减贫也具有重要意义（张和清，2021）。纵观现有研究可以发现,社会工作在反贫困与民族地区发展中发挥着重要作用,诸多学者已经探索出新的实践模式,在推动反贫困与民族地区社会工作相关理论构建的同时也为进一步研究提供了思路。但现有研究还存在拓展的空间:一是民族地区相关的具体实践研究缺乏,理论与实践进行碰撞所产生的“实践知识”还有待挖掘;二是在经济发展、文化持守等内容的研究中,对学者们多样化的研究重点所形成的互补与整合的可能性分析不足;三是现有研究多为宏观或中观层面的探究,缺乏对反贫困行动中微观层面具体措施的分析,未真正回应民族地区的切实需求。

后扶贫时代下,易地扶贫搬迁作为脱贫攻坚的重要举措之一,在基本解决“搬得出”问题后,“稳住”和“致富”成为新的目标。如何在搬迁之后能够维持后续生计、配套衔接不同政策、保护传统文化以及社会网络建立成为当前主要的工作任务(许汉泽,2021)。然而研究发现,生活方式的强烈转变使得搬迁后的移民出现“断裂感”,产生较大的生活压力(史梦薇、王炳江,2020;Furnham and Bochner,1986)。同时生活空间的变化以及搬迁移民的个体差异性严重影响搬后移民的社会交往(董苾茜,2018)。生计资本被剥夺,自身能力受限等原因使得原本就脆弱的生计资本呈现出增长乏力与支出膨胀等状况(马流辉、曹锦清,2017;刘宗华等,2019)。不仅如此,经济受到创伤的同时民族传统文化也遭到一定程度的冲击(辛丽平,2019),尤其是在风俗习惯上出现了少数民族文化和汉族文化交融的现象(饶凤艳、张文政,2016),乡土与城镇两种不同的文化类型在易地扶贫搬迁过程中还存在着文化融合风险(马流辉、莫艳清,2019)。分析现有研究可以发现,当前学者多数从学理层面对易地扶贫搬迁移民的社会适应问题展开分析,希望通过从理论的角度对易地扶贫搬迁移民的社会适应问题进行透视促进其解决,而针对搬迁移民的社会适应性问题的具体实践研究却严重不足。

笔者在云南省易地扶贫搬迁村庄 X 新村开展的社会工作实践项目中发现,原有发展主义视角下对经济发展的过分注重导致农村发展尤其是农村民族地区的发展产生了一定的危机。资本化影响下,造成民族文化断裂,传统道德习俗渐失。商业化发展道路下,不仅文化与人本性被忽视,同时民族地区的生态环境也遭受破坏,致使其社会发展严重滞后。上述问题的存在促使笔者试图探索出一种新的社会工作实践模式。质言之,如何能在促进经济发展的同时实现文化传承、生态保护并展现人本道德性?是否需要寻求一种新的社会工作理论取向,以促进农村民族地区经济与社会的协同发展?

二、案例介绍与研究方法

（一）案例介绍

本文选取的个案为云南省易地扶贫搬迁村庄X新村，X新村是纯苗族新村，于2016年初启动实施了易地扶贫搬迁项目，易地扶贫搬迁移民由地质灾害隐患点X山后村就近搬迁到山下，于2017年底举行了新居落成入住仪式，2018年新村村民已全部完成脱贫。X新村共33户住户，约为100人，外出务工人员约45人，留在村里的多为妇女、儿童与老人。妇女的学历水平多为小学或初中，儿童的学历水平为学龄前、小学与初中，老人的学历水平多为文盲与小学，总体而言村里留守人员的学历水平较低，但是除儿童外的几乎每位女性村民都具备独特的民族性的技能，比如苗绣、蜡染等。此外，该村产业结构较为单一，以种植玉米为主，去山上捡菌子也是留守人员的主要经济来源。

（二）研究方法

本研究的研究方法为社会工作实践研究。社会工作实践研究关注实践和研究两个面向，强调从实践中实现社会工作知识的再生产，以及实践中的理论建构（何国良、陈沃聪，2020）。社会工作具有强烈的价值关怀，通过研究过程去探究介入和改变社会的方法，实现社会工作的社会理想。实践研究的步骤为：从实践开始，发现与理解问题，对当下实践问题进行反思；制定新的行动方案及推动行动；对自己的实践行动进行观察和记录；进一步反思评估推动的实践行动；提出改变和改善的方法；推动新一轮的实践（古学斌，2015）。华东理工大学社会工作服务团队以项目化方式进入X新村开展“新村·新民”服务行动。关于社会工作服务团队的产生可以回溯到2017年“中国社会工作教育百校对口扶贫计划”，全国117所高校对口帮扶77个国家级贫困县，运用社会工作专业知识与方法回应地区发展问题与需求，2018年在华东理工大学及社会与公共管理学院的支持下社会工作服务团队得以组建，已经持续4年，现在仍在继续。本研究的社会工作服务团队由两名本科生和一位研究生组成，2019年7月至2019年12月期间在X新村运用实践研究的方法开展研究与社会工作服务，研究者同时也是服务的直接提供者，即文中提到的社会工作者之一，具有研究者与服务提供者双重身份（这也是实践研究的核心特点之一），与村民“同吃、同住、同劳动”，在服务开展的过程中既注重村民的公共参与及其主体性发挥，也能充分展现社会工作者与村民的相互信任，后者构成中国式情境下开展社会工作的关键场域。

三、理论视角与分析框架

(一)发展性社会工作的演变、理论范畴与实践策略

1. 发展主义视角的危机与应对

发展主义兴起于20世纪60年代后,是一种将经济发展作为缓解矛盾、解决问题、促进社会进步先决条件的意识形态(郁建兴,2010)。作为一种西方舶来品,发展主义极具理论色彩和现实特征,叶敬忠表示,当前国内关于发展主义的研究主要可分为:强调“不进行变革”的拉美型、具有“政府强权”特征的东亚型以及意识形态主导下的西方型三种模式(叶敬忠,2012)。而到了80世纪中期,佩鲁《新发展观》一书的出版催生出了新发展主义思想,一种主张经济与文化价值统一的发展理念被倡导(Perroux,1983)。无论是传统发展主义还是新发展主义,过度追求经济发展方式导致农村结构多样性过度简化,其生活质量、文化传承、生态保育以及公平等多方面问题遭到忽视(萧易忻,2020)。依据过往实践可知,我国当前发展出现异化,社会发展严重滞后、消费主义、生态恶化等问题的出现使得我国发展处于物本主义、主客对立、目的与手段颠倒的局势(杨寄荣,2010)。李小云在对河边村贫困问题的研究中发现,由于延续发展主义的只是道理,使得该村深陷贫困陷阱,成为深度贫困的集体性贫困村(李小云,2020)。事实表明,发展主义视角下,走“跨越式”抑或“参与式”等以提高经济为目的的发展道路对农村民族地区来说危机重重,不仅会产生商业化、资本化、文化断裂等问题,也会造成生态危机和道德缺失(黄志辉,2016)。即使新发展主义开始注重传统民族文化,但全盘否定理性以及受自由主义思想侵蚀,其多元思维也仅停留于文化之上,仍无法解决当前资本化的现状、无法缓解贫富差距大、解决社会道德感缺失、人文价值关怀缺乏等问题(周穗民,2003),不仅忽视了传统文化的创新性和对发展的推动力,还进一步阻碍了社会的发展。如何应对当前资本化现状,修复民族地区断裂文化、找回缺失道德,需要探寻一条新的理论出路。《南非的发展性社会工作》一书首次提出“发展性社会工作”这一概念,其对生产力提升和整体环境改善的同时,注重为上诉问题的应对提供可行路径(Gray,2002)。作为变革的社会工作,“增权”在发展性社会工作中被尤为强调(Bak,2004)。不同于传统“治疗性”“补救性”抑或是“恢复性”工作发展模式,发展性社会工作基于发展性福利理念出发,不仅助

力资产建设和资本构建，也注重改善人群的经济活动能力和参与处境，实现经济发展与社会发展相协调的局面(徐其文、陈涛，2020)。这种“生产型”社会工作模式在缓解资本化、提升人文道德属性以及促进“福利社会”的建立都具有一定作用(陈涛、杨锡聪、陈锋，2018)。

2. 发展性社会工作的产生与发展

发展性社会工作的基本理念可以追溯到19世纪后期以亚当斯(Jane Addams)为代表的睦邻组织运动(Midgley，1999)，面对大量移民涌入美国带来的城市贫困问题，亚当斯(Jane Addams)在芝加哥贫民窟通过社区组织提供社会服务，替代之前的补救性与治疗性的个案工作模式。发展性社会工作实际产生于20世纪50年代的南方世界国家的社会工作实践。二战后，许多国家面临发展经济的任务，西方发达国家促进社会福利服务的“补缺型”社会工作发展路径并不符合发展中国家的国情，刚独立的发展中国家难以承受沉重的社会福利，在坚持以经济发展为先的理念之下造成了国家福利发展滞后的局面。在此背景下，许多人开始思考如何摆脱西方殖民主义思潮，反思如何实现经济与社会发展之间的平衡。一些发展中国家的部分官员探索出社区为本的干预措施，如印度在受到当地领袖甘地支持所开展的社区本位活动试图证明干预措施对经济发展的有益性。而西非的福利管理者则发现可以通过社区方案来满足当地需求等。20世纪70年代出现了更具有行动主义取向的社区发展，强调充权的理念，寻求广大民众的参与。至此，发展性社会工作虽未形成明确的理论概念，但已经成为一种实践方式。20世纪七八十年代，一些社会工作教育者出版了系列作品，从中可以发现社会发展的两种取向：其一是社会发展强调个人成长与自我实现；其二是社会发展包括了社区社会工作、社会工作行政、方案设计与评估。尽管在20世纪90年代市场自由主义的意识盛行，削弱了国家干预的重要性，但是，社会发展的相关提倡者依然相信国家干预的重要意义，有必要透过国家干预来促进社会问题的解决。米奇利将“社会发展”的观点引入社会福利领域(Midgley，1999)。米奇利认为尽管社会发展理论来源于不同的理论，但是可以相互结合形成一套完整的理论模式，政府、社区与市场是相互关联的，国家起到管理与监督的作用，并且在此框架下，经济发展能促进社会福利的改善，社会政策的改善也能促进经济的发展，强调经济发展与社会发展相结合。2010年，米奇利 *Social Work and Social Development: Theories and Skills for Develop Mental Social Work* 一书的出版标志着“发展性社会工作”概念化基本完成。

我国发展性社会工作相关概念与理论的运用可以追溯到1994年,刘继同提出关于社会福利教育体系的"发展型社会工作教育"的概念,成为一种社会工作领域的社会发展的基本理念的体现(刘继同,1994)。而后,以张和清为代表的广东"绿耕"团队,以及以陈涛为代表的"青红社工"团队等对发展性社会工作的理论视角与实务模式展开了系列研究,使得发展性社会工作的理论与实务技巧更加清晰。马凤芝(2014)较早地对发展性社会工作的缘起、特征与实践策略进行了阐释,认为发展性社会工作是一种社会工作实践的新取向,为我国农村社会工作的发展提供了一条可行路径。邓锁等人(2014)将谢若登的"资产建设理论"引入了中国并产生积极影响。邓锁(2019)将发展性社会工作运用于西部地区残疾人的反贫困实践的案例进行探究,并发现多主体参与贫困治理以及对服务对象的经济赋能为反贫困社会工作提供了一些启示。而陆德泉(2017)在对南非建构的发展性社会工作的体系进行研究后认为其对中国社会工作发展也具有一定的启示。张和清在"绿耕"项目中以资产建设和能力建设为核心进行社会工作服务,以"城乡合作、公平贸易、共创生态文明和可持续生活"作为整个工作的目标(张和清等,2008)。而"青红社工"服务机构在服务震后人员的过程中,徐其龙等人重视社区资源,强调社区服务、社区营造和社区发展三个不同层次的整合,以谋求社区的可持续发展(徐其龙、陈涛,2020)。可以发现,发展性社会工作在中国的发展经历了从理论引进到实践探索再到理论发展的三个过程,但目前我国发展性社会工作理论的运用仍不成熟,还需进行进一步的本土化推进。

3. 发展性社会工作的理论范畴

发展性社会工作的理论范畴比较广泛,从其理论特征来看,发展性社会工作具有以下核心观点:第一,强调优势导向。不同于一般社会工作模式,发展性社会工作更强调服务对象的优势和潜能(陈涛、杨锡聪、陈锋,2018)。尤其是在面临挑战的时候,以促使服务对象认识到自身的优势与潜能的方式对服务对象的内在优势进行挖掘,协助其运用自己的能力应对困境(米奇利、康利等,2012)。第二,强调增权的概念。Bak基于南非的实务经验分析认为,增权是发展性社会工作突出强调的重点(Bak,2004)。协助被否定、压迫和无助的服务对象清晰认识自身环境,强化自身意识与个人技能,以增强个人效能感,达到赋能的效果是发展性社会工作的重点内容。第三,强调整合取向与正常化的概念。发展性社会工作强调"去病态化"的理念基础,要求社会工作者基于正常化的视角看待服务对象(王小兰、陈涛,2017)。而在此基础上社区能够为服务对象提供支持与服务，促使其整合于社区当中，以实现社区内的自主生活（米奇利、康利等，2012）。第四，强调权力导向、案主自决和自主参与。发展性社会工作认为，要规避专家权威取向、形成平等的专业关系就必须尊重服务对象主体权力，通过案主自觉、自主参与等形式实现案主决策（米奇利、康利等，2012）。第五，强调微观与宏观整合性视角。发展性社会工作既注重个人层面的问题又关注与宏观结构相关的社会与政治议题，致力于个人的发展与和平、民主、平等以及社会正义的实现（米奇利、康利等，2012）。

4. 发展性社会工作的实务特质

从实务特质来看，发展性社会工作强调以下两个方面：第一，发展性社会工作强调社区为本的干预措施。发展性社会工作者相信服务对象即使面临困境也仍能在社区内自立生活，同时也需要在社区内接受服务。因此社会工作者应积极投入社区，与社区内团体合作、联结社区内外资源，建立当地社会工作服务方案，以促进服务对象融入社区。在 *Social Work and Social Development：Theories and Skills for Develop Mental Social Work* 一书中，具体讨论了发展性社会工作所具有的社区为本实践介入特性，并强调社区为本是发展性社会工作介入的突出特征，其干预措施具有三种取向：其一是社区营造。通过自主参与、民主决策、强化联结等方式促进个人优势的发挥与资源的利用。其二是社区服务与规划。强调社区服务与输送，将规划理念融入社区社会服务组织当中。其三是社区行动主义。注重服务对象自身社会结构意识的提升，以鼓励挑战压迫、采取行动的方式来促进社会变迁（米奇利、康利等，2012）。第二，发展性社会工作强调社会投资策略。社会投资将福利作为目的，注重增强贫困者的个人就业能力，以此来推动贫困转向可持续模式发展（时立荣、付崇毅，2021）。社会工作者以社会投资促进服务对象参与社区的生产性经济活动，以提升个人的经济活动能力。作为一种既能促进经济发展也能改善社会功能问题的社会工作理论视角，大量使用社会投资策略是发展性社会工作的突出特征（徐其龙、陈涛，2020），其社会投资策略主要有以下三种：一是人力资本投资，表现为教育投资、就业安置与职业技能培训等；二是社会资本投资，以促进互动、加强信任、合作等方式实现；三是资产积累，通过个人发展账户建立等方式实现个人资产累积（米奇利、康利等，2012）。

纵观发展性社会工作的历史脉络、理论范畴及实务经验可以发现，该理论视角强调经济发展与社会发展的协调共生，注重微观与宏观层面的整合性介入。发展性社会工作对服务对象自主参与、社区为本以及社会投资策略运用的重点强调能够有效抵御“发展主义”现代化单一线性发展观的侵蚀,同时对此项现代化工程易地扶贫搬迁背景下移民多层面的不适应困境的解决也具有一定的指导意义。基于上述分析,笔者试图对发展性社会工作理论视角对易地扶贫搬迁 X 新村移民的社会适应问题解决的契合性进行探索分析。

(二) 社会工作介入易地扶贫搬迁移民社会适应问题的实践框架

发展性社会工作为社会工作者提供了理念、理论与实践技巧等多方面的指引,却未明确定义“社会工作者应持何种立场”。立场问题是整个社会工作服务过程中的关注重点,尤其在为区别于自身文化系统、处于不同民族文化体系的服务对象提供服务时,不仅易遇到文化震撼、文化识盲、文化纠结、文化偏见、文化负载等问题(何乃柱,2014),还会局限在自身“理论识框”中,难以放弃社会工作者的专业权威与位置,并将自身所持有的文化价值强加在服务对象身上,造成对服务对象的伤害(古学斌,2007)。因此,社会工作者需要对自己所持的立场进行不断地反思,需要考虑到介入少数民族文化体系的恰适性,即需要具备高度的“文化敏感”。发展性社会工作介入民族地区的整个社会工作服务时,“文化敏感”的价值立场能够作为对发展性社会工作理论的补充和完善,为民族地区文化传承和发展奠定价值基础。结合发展性社会工作的理论与实务策略,以及文化敏感的价值立场建构出本文基本的分析框架(图 1)。

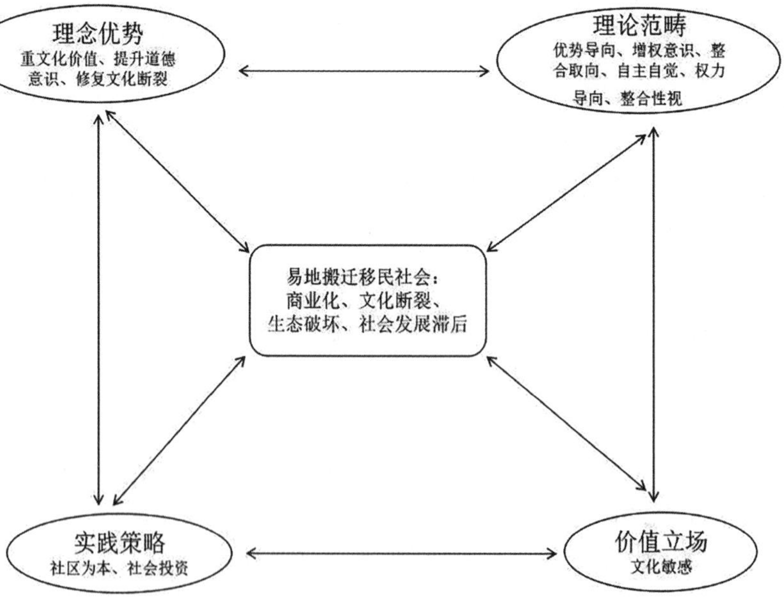

图 1　本文分析框架

四、发展性社会工作介入民族地区易地扶贫搬迁村庄的实践探索

发展性社会工作能够抵御“发展主义”现代化单一线性发展观的侵蚀，有效缓解“以物为本”发展理念下所导致的多重困境，因此在促进易地扶贫搬迁移民的社会适应中发展性社会工作的介入存在一定的作用空间。笔者主要基于X新村的经验对发展性社会工作如何介入易地扶贫搬迁移民的社会适应问题展开深入分析。

（一）需求聚焦：留不住的“传统”与进不去的“现代”

社会工作者进入X新村后持有高度的文化敏感性，与村民“同吃、同住、同劳动”，并通过挨家挨户的入户访谈，对易地扶贫搬迁过程以及易地扶贫搬迁移民的经济、社会、文化与生活状况进行详细了解。社会工作者发现易地扶贫搬迁移民改变原有的生存环境进入新的生活环境会经历一个社会适应的过程，而该过程中存在着搬后移民多面向的不适应问题，同时移民在社区内的关系与文化也需要重塑。具体而言，对X新村的需求评估如下。

第一，经济层面的生计来源变化。搬迁之后的新村虽然有隔间式的集中养殖畜圈，但养殖畜圈有空间的限制再加上失去了可以放牧的自然环境，绝大部分牲畜需要被卖掉。妇女与老人仍以上山捡菌子、挖药作为主要工作。挖菌子在每年的六月到九月间，根据当天菌子生长情况，每天收入在几十到一百多块左右；挖药、挖松露的收入在每个月三千左右。以80后、90后为主的男性青年离开家乡外出打工，寻求新的生计来源，主要从事修铁路、印刷等工作，一年可以攒下两万元左右。“搬迁下来花钱多了，想去多找点钱，在这里（留在本村）哪能发展？在外面打工一天能挣180块（元），（虽然）确实很苦，但是能省下钱留给家里用。”（村民G01访谈记录）

第二，心理层面的失落感。易地扶贫搬迁移民离开了之前的“家”之后，容易缺乏归属感。搬迁后他们生活条件虽然好了，但是由于生产劳动空间变小，劳作任务量降低，闲暇时间增多，以致暂时产生一种不适应感。“搬下来这里就是不习惯了，一天感觉好长好长，晚上睡不着觉。在山上可以找猪草，这几天可以捡菌子，找找柴。在这（搬迁后的X新村）就做饭，喂喂猪。”（村民N07访谈记录）

第三，生活层面的习惯沿袭与慢适应。易地扶贫搬迁移民在生活上难以适应较为“城镇化”的新村。搬迁后，X新村有单独的厨房，厨房中有电插孔，

蕴含着用电做饭的逻辑，面对此图景，每家每户都在院子中搭建了灶台，放着柴，仍是烧柴做饭。这体现了搬迁后村民仍然带有很深刻的原有生活印记，在生活上很难适应城镇化的快速节奏。“习惯一辈子都在山上用柴火煮饭炒菜，搬下来后啥都要用电。觉得用电烧出来的菜不好吃，平时就继续烧柴炒菜，蒸饭用电饭煲。”(村民 N05 访谈记录)

第四，邻里间关系的近距离与主动陌生感。X 新村村民是整村搬迁进行集中安置，是一种“熟人关系”的整体迁移，其关系网络没有发生断裂，但是由于搬迁前间隔很远的单独庭院到搬迁后的排排相连的庭院加上采用“抓阄分房”的方式，村民间的居住距离变近，邻里间容易产生矛盾，导致邻里关系在熟人关系上主动陌生化。“以前在山上，大家房子都有距离，去别家串门还需要走一会儿，现在在下面(搬迁后的 X 新村)住不好，每家每户离得太近了，有的时候会觉得太吵，不想跟他们挨得这么近。”(村民 N01 访谈记录)

第五，民族文化的功能弱化与传承式微。搬迁后苗族文化的传承面临着冲击，在市场经济浪潮的裹挟之下，人们变得更加“理性”，逐利观念逐渐兴起。同时易地扶贫搬迁移民需要谋求更多的金钱来满足他们生存的需求，在这个过程中，逐渐出现文化认同危机。例如，村民认为自己的村庄和文化是落后的，更偏向于追捧现代文化，进而传统文化逐渐被现代化生活吞噬。此外，苗族文化的传承面临着严重的“文化断层”，“90 后”与“00 后”已经慢慢不会苗族传统手艺了，对苗族服饰所蕴含的重要意义也逐渐淡薄，对苗族歌舞与苗族故事也了解不够，民族传统文化成为现代化进程中的牺牲品。在问及自己民族的文化是否有必要时，村民指出，“文化传承还是有必要的吧，但是有民族文化也没有用，现在都讲普通话了，很少去说老祖先讲的语言；只是节日的时候会有一些以前传统的文化特色活动，平时多数时间都没有(传统文化的体现)。”(村民 N11 访谈记录)

第六，儿童的教育问题的重视度提高与内在限制。易地扶贫搬迁移民真切地存在对孩子接受良好教育、走出大山的期盼，希望下一代不要再像他们过去几代人这样，但由于自身文化水平有限，甚至由于夫妻一方外出打工无法陪同孩子，在辅导孩子的作业上存在困境。“想小娃儿好好读书，自己没读书，还是想要小娃儿好好读的，读好了，以后也不用像我们现在这样，(但)小娃儿的题现在有点难，自己也不太会。”(多位家长的访谈记录)

整体来看，X 新村的易地扶贫搬迁移民承受着“发展主义”取向下的传统与现代的二元张力，呈现出留不住的传统与进不去的现代的“双重脱嵌”困境，在易地扶贫搬迁这项现代化工程推进下产生了不适应状况（王寒温，2021），成为社会工作开展专业介入的现实基础。

（二）整合性取向：文化、教育、社区发展“三位一体”实践模式的探索

在社会工作者服务过程中，发展性社会工作的核心观点以及文化敏感的价值立场，为社会工作介入提供了理念、理论、实务策略以及价值立场层面的指引。基于此，社会工作者探索出一种社会工作介入的实践模式。

1. 理论观与价值观：以文化引领经济社会平衡发展

发展性社会工作理论与文化敏感的价值立场贯穿整个社会工作服务过程，对整个社会工作服务过程具有指导意义。社会工作者带着高度的文化敏感进入少数民族实践场域，尽可能放下自己的专业权威，逐渐与服务对象拉近距离、走近服务对象生活世界，多次了解服务对象的实际情况，坚持本土性与民族性导向的专业社会工作服务。社会工作者关注到在易地扶贫搬迁甚至更早的现代化进程中，“民族性”一直遭受着强烈冲击，在移民心中型塑出“现代与传统”的二元对立，也产生了留不住的传统与进不去的现代的“双重脱嵌”困境。然而，通过实践社会工作者发现易地扶贫搬迁移民的生存性需求和发展性需求并非对立的，村民脱贫攻坚的过程也并不需要以牺牲文化为代价。文化对于社区发展具有重要意义，承载着整个社区的有机生命，维系着社区内部人与人之间的交往与互动，是社区团结的重要力量源泉，并有助于促进村民的社区参与与融合。同时，社会工作者在基于优势视角理论发现，民族传统文化既是服务对象所特有的技术优势，也是社区内独特的资源。苗族作为一个文化丰富的民族，苗族人不仅能歌善舞，还会苗绣、蜡染、吹芦笙等多种传统技艺，华丽的苗族服装还被称为“穿在身上的史书”，并将苗族历史以图案的形式融入其服饰中。“这条线代表黄河，这条线代表长江，是表示苗族是个迁徙的民族，代表着我们祖先的迁徙路线，还有一块块的图案代表苗族的田地，还有些花草是迁徙途中所见的花草……”（村民 N16 访谈记录）社会工作者对易地搬迁移民所特有的民族传统文化优势进行挖掘和激发，不仅能够发挥出民族文化的独特创造力，也能更好地提升服务对象的参与度。基于此，社会工作者在理论观与价值观层面进行了整合，确定以文化引领 X 新村经济社会平衡发展的路线，运用“文化传承策略”来开展具体社会工作服务。

2. 社会投资策略：以社会教育补足学校、教育的短板

易地扶贫搬迁既是国家实施的脱贫攻坚重大战略举措之一，也是国家层面对贫困地区的投资的体现，有利于促进贫困地区的发展。发展性社会工作

注重社会投资策略的运用,与异地扶贫搬迁政策在方法上具有一定的契合性。正所谓扶贫先扶智,发展教育有利于阻断"贫困的代际传递",能够为贫困地区的发展提供人力资源,防止返贫现象的发生,增强扶贫效果的可持续性(邓锁,2018;李孝轩,2019)。社会工作者在需求调研的过程中发现,教育对易地扶贫搬迁村庄的发展具有重要意义。原有家庭的贫穷状况使得多数移民真切地希望孩子能够接受良好教育,走出大山,同时村庄内的儿童也表示自己很愿意和哥哥姐姐一起学习,十分渴望一个读书的机会。通过给移民的孩子们辅导功课,社会工作者在提升学习能力的同时也有效促进搬迁后移民亲子间良好关系的建立。此外,易地扶贫搬迁移民的民族文化传承面临严重的"文化断层",呈现出民族文化上的弱文化传承的社会现实。面对这一问题,社会工作者通过开展传统文化相关活动的方式,促进强化村内年轻一代对本民族文化的认识、了解,提升年轻一代民族文化自信的同时也有利于促进民族文化的传承与保育。基于对开展教育相关的社会工作服务对易地扶贫搬迁村庄重要意义的认识,社会工作者确定出"以教育为先导"的服务模式。

3. 社区为本策略:以个体发展与社区发展融合为导向

发展性社会工作秉持"社区为本"的传统,认为服务对象应该在社区内接受服务,同时学者 AIston 也指出农村社会工作介入的对象应该是整个社区(AlSton,2005)。发展性社会工作所强调的"社区为本"表现为社区营造、社区服务与社区行动三个面向,当前国内社区为本的社会工作本土实践与理论探索主要有如下内容:在实践研究上,"绿耕"项目采用"社区为本的整合实践"进行社区内外资源与优势的发掘与激活,强调与社区居民相伴同行。而"青红社工"服务机构则强调对社区服务、社区营造和社区发展进行整合,注重社区的可持续发展(徐其龙、陈涛,2020)。在理论上,徐选国(2016)强调,只有社区居民能够真正感受、理解和认同社区,形成共同的社区精神和公共空间,才能更大限度地凸显社区团结和互助精神,体现出社区公共性的意涵与重要性。徐其龙进一步提出,社区营造强调在整体上居民社会性和共同体意识的生成与自下而上主动地参与社区发展(徐其龙、陈涛,2020),从而强化个人与社区的联结,最终实现个人与社区的发展。X 新村作为新建的农村社区,易地搬迁后心理层面失落、邻里关系陌生以及社区归属感不足等问题的产生使得移民出现大量社会适应问题,并进一步造成整个村庄的"公共性"不足。基于此,社会工作者坚持"以社区为本"开展专业服务,根据居民的需求设计系列活动,以促进居民参与以及培育民主决策,帮助其激发潜在优势、运用自身资源,强化社区联结。

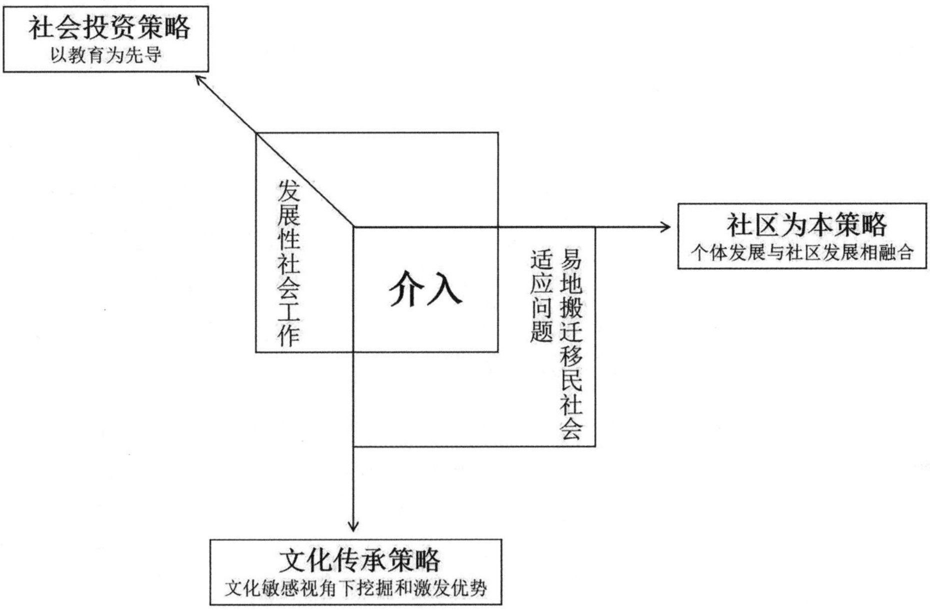

图 2　发展性社会工作介入易地搬迁移民社会适应的实践模式

（三）发展性社会工作视角下易地扶贫搬迁移民社会适应的实践体系

1. 以“暑期学堂”为平台，促进学业辅导与学生互助机制的建立

社会工作者入场后积极发掘“社区积极分子”，塑造社区领袖。通过走访观察发现，村内的苏奶奶既是村主任爱人，也是县人大代表，在村中有一定的威望，十分具有号召力。社会工作者将开办“暑期学堂”的想法给苏奶奶介绍后，立即得到了认可，并在苏奶奶带领下挨家挨户地进行成员招募，最终成功招募到 15 名儿童。“暑期学堂”活动主要分为“学业辅导”与“文化课程”两个板块，服务时间是 2019 年暑期的 7 月至 8 月每天下午的 2 点半至 4 点半，孩子们开学后，时间定为每周六下午的 3 点至 5 点。课堂前半段内容为暑假作业检查或难题讲解；在后半段，则是社会工作者与孩子一起练字、做游戏、做手工、绘画或开展一些趣味性活动。例如在国庆期间，社会工作者开展爱国教育活动，组织孩子们一起升国旗，并一同观看“新中国成立 70 周年阅兵”，通过分享感受的形式来表达对祖国的热爱之情。此外，通过学堂还孵化出了“学业互助小组”，以同年级互助、高年级帮带的形式建立儿童之间的支持网络，这种一

对一帮带的制度实现了有人问、有人教的良好教学氛围,为小组内儿童建立起了良好的学习网络。此外,学堂的儿童与村内青少年也成为"苗族文化传承小组"的核心成员,不仅为后期开展社区活动奠定了良好的基础,也从侧面激发出村民内生动力和社区活力,有利于进一步推动社区融合。

2. 以系列文化活动为依托,弥合传统与现代的文化张力

社会工作者试图以文化传承弥合传统与现代的张力,进行了以下几个方面的介入:第一,组织开展"苗族歌舞传承小组活动"。社会工作者动员"社区积极分子"(主要是会跳苗族舞蹈的姐姐们),由她们带领"暑期学堂"的成员在村子广场上一起跳舞。同时在"暑期学堂"结束后的每天下午的4点半至5点,社会工作者会事先安放好音响,做相关的准备工作,提前烘托活动氛围,并在活动开始时参与其中。第二,组织开展"苗绣传承小组活动"。社会工作者准备好关于苗绣历史的相关材料,对儿童与青少年进行讲授,同时邀请村内擅长苗绣的妇女与老人对孩子们进行苗绣知识与技能教学。第三,与村民一起进行《村史》的收集与整理工作。社会工作者发现村史只有村中的老人知晓,年轻一代缺少了解的途径,许多村民在搬迁后谈到对老房子与之前生活的怀念,因此,社会工作者以文本的形式记录易地扶贫搬迁移民的村史和苗族特色文化,并开展了"村史成册"以及"村史发布会"等活动,以此来促进文化和村落记忆的代代延续。该活动既是对现代化造成民族文化断裂的弥补,也具有加强村民之间的凝聚和村落整体的团结的效用。

3. 以社区发展为导向,促进个体与公共议程的连接

以农历七月七日代表的传统爱情节日为契机,社会工作者举办了"七夕社区活动"。在七夕节和苗族立秋节契机之下举办游园会,希望通过开放空间的形式和欢乐的游戏环节能够强化X新村村民之间的关系,进而促进社区融合。但由于活动以社会工作者为主导进行策划,缺乏对村民意见的征求导致效果并不明显。社会工作者决定以社区发展为导向,通过不断激发居民参与意识来促进居民社会性和共同体意识的生成,进而推动社区公共性的实现。"献礼祖国70周年社区联欢会"的成功举办恰能体现出上述作用,在整个活动过程中,社会工作者都极为重视村民的声音,提前采纳收集村民们的意见,鼓励村民参与活动,最终确定的节目单大多为村民自编自演的节目。同时,社会工作者还尝试着将苗族的故事改编为话剧,由"暑期学堂"的儿童表演出来,借此来促进苗族故事的传播与传承。在村民的协助与社会工作者的努力之下,此次社区活动取得了超出预期的实施效果。上述举措旨在促进个体意义与公共议

程之间的连接，打通了微观个体与宏观议题之间的通道。

（四）服务成效："个人主体性—文化主体性—社区公共性"的良性循环

1. 个人主体性的激发与文化主体性的建构

通过以苗族文化为主题的系列活动开展，促使村民"向内看"，关注自身的长处，发现本民族文化的优势。苗绣活动结束后，部分孩子当场表现出对苗绣的强烈赞美，认为苗绣十分好看；也有部分孩子则推及自身，表达出对苗绣的珍惜和向往之情，决定今后一定要好好珍惜苗绣并希望可以进一步学习苗绣。不仅如此，教授孩子们刺绣技巧的村民在此次活动中也得到了赋能。他们对自己能够教授孩子们刺绣感到十分开心，也逐渐意识到自身的独特民族刺绣技能，看到了自身的价值。与此同时，在对苗族传统故事讲述与演绎过程中唤起了年轻一代的儿时记忆，让不少人想起了之前听老人给他们讲故事的场景，这些记忆的唤起使得村民更加了解和热爱本民族的传统文化，为后期编著"村史"奠定了情感基础。原本村子里的孩子对苗绣认识不多，但通过文化活动的开展，他们不仅加深了对自己民族传统绣技的了解，更激发出其想要传承民族文化的主动性。个人主体性的激发使得民族文化不再是被强加于年轻一代的心中，而是基于内心深处的认同的主动传承。系列民族传统文化活动的开展，使得村民的自我认同感与对本民族的文化认同感都得到了提升，文化主体意识的增权进一步促进了文化的传承，为社区与民族文化的发展注入了前进的动力，也进一步回应了易地扶贫搬迁移民弱文化传承的问题。

2. 个人主体性的提升与社区公共性的生产

自主参与、民主决策作为发展性社会工作视角的重要特性在实践服务中被广泛强调，社会工作者在介入的时候对此也十分注重。随着参与活动次数的增多，社会工作者发现村民之间的关系被逐渐拉近，他们在遇到困难的时候从之前的互相埋怨到能够相互体谅、相互扶持，逐渐形成了合作共赢的社区氛围。此外，活动开展过程中村民的参与自主性也逐渐增强，从前期的被动参与到后期能够主动融入，展现自我。例如，孩子们学习苗族舞蹈的过程吸引了许多村民的观看与参与，以及在一些村民在台上表演的时候，观众们会录制"小视频"发到相关社交平台上。村民自身参与感增强的同时也营造出良好的社区氛围，并进一步增强了居民在社区内的归属感。服务活动在激发个人主体性的基础上，对促进社区团结仍有效用，从单个人的自主参与到社区内的群体性互动中进一步促进社区公共性的激发。这种社区公共性的呈现不仅有助于社区的发展，还能够反哺到村民身上，协助移民适应新村的生活，最终达到人与社区的共同发展。

3. 文化主体性的凸显与社区公共性的互构

文化作为精神的产物,既是一种社会现象也是一种历史现象。对于易地扶贫搬迁的苗族人来说,其独有的苗族文化既是悠久历史下的精神财富,也是搬迁后社区文化中的重要组成部分。苗绣活动后,在社会工作者的组织下,村民的主动参与下,村内开展了"村史成册""村史发布会"等活动,将村内苗族文化的传承推向高潮。挨家挨户地访问、一户一户地收集,村史编撰的过程也是文化认同的形成过程,在全村人的共同努力之下原本散乱、缺失的村史与苗族文化被有序地编撰成册,并在"发布会"上呈现出来。移民在自身文化传承意识提升的基础上,主动参与村史的重新编撰工作,将自身文化融入于社区文化之中,形成一种积极、团结的社区氛围,推动社区公共性的激发。

总的来说,社会工作者在服务实践中始终秉承谦卑的工作态度和高度的文化敏感,与村民"同吃、同住、同劳动"。入场后扎根服务对象的实际生活世界,以"欣赏性访寻"的方式对易地扶贫搬迁移民进行优势挖掘。将移民特有的民族传统文化资源和独特的民族传统文化作为主体性发挥的重要切入点,基于社区平台下开展小组、社区等专业实践活动。活动过程中,易地扶贫搬迁移民既是专家,也是活动的参与主体,村民主体性的发挥使得其能够在感受社区、认同社区的基础上进一步实现服务社区。这种具有文化传承与保育特性的专业活动不仅能够加强个人与社区之间的联结,还能激发社区公共性,促进人与社区共同发展。

五、结语:迈向文化敏感取向的本土发展性社会工作实践

发展性社会工作对"整体发展观"的强调能够有效缓解民族地区受"发展主义"思潮影响下所造成的社会滞后于经济发展的困境。为弥补当前发展性社会工作理论视角在社会工作者价值立场上的定位缺失、回应民族农村地区文化断裂问题,本文试图从文化敏感的价值取向出发,为本土发展性社会工作的实践探索新的可行路径。作为发展性社会工作的内在要求,文化敏感实践具有两大核心特性。

其一,文化敏感性实践是发展性社会工作"本土性"与"民族性"的根本体现。发展性社会工作基于整合性视角,强调对个人与社会情境问题的双重关

注，常将遭遇问题与挑战的个体置于其所处的整个社会情境与文化脉络中进行阐释与应对，以实现个人发展与其所处环境的双重改善，推动个人与社会之间的良性互动。从发展进程来看，发展性社会工作起源于西方国家，作为舶来品被引入中国，因此需通过"本土建构"的方式来应对西方价值理念与我国独特文化所存的差异性问题。但值得注意的是在中国发展性社会工作多用于贫困民族地区，如何持守民族地区特有的民族性以及独特民族文化，成为现代化进程中民族地区社会发展的着重关注点。因此，社会工作者需具有高度的文化敏感意识，走近服务对象，发现并撬动其独特的民族传统文化优势，通过促进服务对象的参与，将村民作为真正的主体参与到社区发展过程中。秉承延续"文化"，挺进"现代"的思路，文化敏感视角下的发展性社会工作强调把传统留住的同时也要推进走向现代化，既要重塑民族性，也要融入现代化发展，以实现民族地区经济与社会的协调发展。

其二，基于文化敏感的实践是社会工作者在农村民族地区实践过程中应持的价值立场。在异文化地区开展服务时，社会工作者若以自身的文化去理解服务对象，往往会导致"文化识盲"，表现出对异文化的否定甚至排斥。同时专业权威思维极易造成专业关系上的不平等，甚至对服务对象形成新型压迫。反思此次实践，社会工作者虽秉持"文化敏感"入场，但在实际服务的过程中仍存在些许不足。语言差异意识不足、主流语言文化挤压等现象仍存在于实践当中，并对服务成效造成影响，降低了实践有效性。古学斌(2007)曾指出："对于社会工作者而言发现文化差异不难，难的是如何将自我先从社会和教育建制的专家里解放出来，真正以一种非专家的身份与村民对话，促成彼此之间的意识提升，发掘彼此能力。"这种观点看似在描述现存困境，实则是为我们指明了文化敏感取向下社会工作服务的实践方向，即走出自我文化限制，带着高度文化敏感性与村民对话，并在此基础上发掘彼此的能力。

基于分析，笔者认为，文化敏感的保持有三个方面：首先要具有"文化敏感"意识。社会工作者要将"文化敏感"作为一根"弦"，时刻察觉民族间不同文化间的差异性。其次，要尊重原有生态。社会工作者入场后要避免以"先进地区经验"对后发民族地区/社区的"改造"，避免让社会工作以一种"专业霸权"强势植入，而对易地扶贫搬迁移民造成新型压迫。最后，要持续保持专业反思。反思是知识与实践碰撞的过程，既能强化对"文化敏感"的理解，也能在碰撞过程中生出新的实践思路，为本土发展性社会工作的实践探索更多可能性。

参考文献

陈涛，杨锡聪，陈锋，2018.发展性社会工作的本土化理论及实践[J].新视野(4).
邓锁，2018.资产建设与跨代干预：以“儿童发展账户”项目为例[J].社会建设，5(6).
邓锁，2019.经济赋能与社区融合——以一个西部地区的反贫困实践为例[J].中国农业大学学报(社会科学版)(1).
邓锁，迈克尔·谢若登，邹莉，等，2014.资产建设：亚洲的策略与创新[M].北京：北京大学出版社.
董苾茜，2018.扶贫移民的社会适应困境及其化解——基于社会记忆理论视角[J].湖南农业大学学报(社会科学版)，19(2).
古学斌，2015.为何做社会工作实践研究？[J].浙江工商大学学报(4).
古学斌，张和清，杨锡聪，2007.专业限制与文化识盲：农村社会工作实践中的文化问题[J].社会学研究(6).
何国良，陈沃聪，2020.社会工作介入危机家庭成效评估的实践研究[J].社会工作(4).
何乃柱，2014.文化识盲与文化能力——民族地区灾害社会工作实务中的文化问题[J].开发研究(3).
黄志辉，2014.“嵌入”的多重面向——发展主义的危机与回应[J].思想战线(1).
吉姆斯·米奇利，艾米·康利，2012.社会工作与社会发展：发展性社会工作的理念与技术[J].国家教育研究院主译，罗秀华译，台北：松慧有限公司.
李小云，2020.河边扶贫实验：发展主义的实践困惑[J].开放时代(6).
李孝轩，2019.用好教育这个阻断贫困代际传递的治本之策[N].学习时报，2019-03-13.
李迎生，徐向文，2016.社会工作助力精准扶贫：功能定位与实践探索[J].学海(4).
刘继同，1994.发展型社会福利与发展型社会工作教育[J].国外社会科学(11).
刘宗华，邬兰娅，刘魏，等，2019.易地搬迁移民可持续生计研究——以湖北省宜昌市为例[J].三峡大学学报(人文社会科学版)(3).
陆德泉，2017.社会发展视角探索社会工作的本土化策略——以南非建构发展性社会工作体系的路径为例[J].中国农业大学学报(社会科学版)(3).
马凤芝，2014.社会发展视野下的社会工作[J].广东社会科学(1).
马流辉，曹锦清，2017.易地扶贫搬迁的城镇集中模式：政策逻辑与实践限度——基于黔中G县的调查[J].毛泽东邓小平理论研究(10).
马流辉，莫艳清，2019.扶贫移民的城镇化安置及其后续发展路径选择——基于城乡联动的分析视角[J].福建论坛(人文社会科学版)(3).
钱宁，卜文虎，2017.以内源发展的社会政策思维助力“精准扶贫”——兼论农村社会工作的策略与方法[J].湖南师范大学社会科学学报(3).
饶凤艳，张文政，2016.中国西部生态移民的时空跨域比较研究——对双海子和黄草川的个案比较研究[J].西北民族大学学报(哲学社会科学版)(1).

时立荣，付崇毅，2021. 社会投资与可持续发展治贫策略研究[J]. 社会建设(2).
史梦薇，王炳江，2020. 民族地区生态移民心理适应的特征及影响因素[J]. 中南民族大学学报(人文社会科学版)(2).
宋爱明，任国英，2021. 民族地区文化能力建设的社会工作实践研究——以内蒙古一个生态移民社区为例[J]. 社会工作(1).
王寒温，2021. 游离与悬浮：民族地区易地扶贫搬迁移民适应的社会学研究——以云南省X新村为例[OL].
王思斌，2012. 民族社会工作：发展与文化的视角[J]. 民族研究(4).
王思斌，2016. 精准扶贫的社会工作参与——兼论实践型精准扶贫[J]. 社会工作(3).
王小兰，陈涛，2017. 发展性社会工作的理论与实践[J]. 中国社会工作研究(2).
王旭辉，柴玲，包智明，2012. 中国民族社会工作发展路径："边界跨越"与"文化敏感"[J]. 民族研究(4).
文军，洁琼，2021. 社区为本：反贫困社会工作的理论建构及其反思[J]. 西北农林科技大学学报(社会科学版)(1).
萧易忻，2020. 论经济全球化下的乡村振兴：再思资产为本的社区发展理论[J]. 社会工作与管理(1).
辛丽平，2019. 贵州民族地区扶贫移民中的社会适应研究[J]. 贵州民族(3).
徐其龙，陈涛，2020. 发展性社会工作视角下社区服务、社区营造和社区发展的整合研究[J]. 华东理工大学学报(社会科学版)(3).
徐选国，2016. 从专业性、本土性迈向社区公共性：理解社会工作本质的新线索[J]. 社会科学战线(8).
许汉泽，2021. "后扶贫时代"易地扶贫搬迁的实践困境及政策优化——以秦巴山区Y镇扶贫搬迁安置社区为例[J]. 华东理工大学学报(社会科学版)(2).
杨寄荣，2010. "发展主义"及其反思[J]. 思想理论教育(5).
叶敬忠，孙睿昕，2012. 发展主义研究评述[J]. 中国农业大学学报(社会科学版)(2).
郁建兴，2008. 发展主义意识形态的反思与批判[J]. 马克思主义研究(11).
张和清，2021. 社区文化资产建设与乡村减贫行动研究——以湖南少数民族D村社会工作项目为例[J]. 思想战线(2).
张和清，尚静，2021. 社会工作干预与中国乡村生态、生计、生活可持续发展的行动研究——以绿耕项目为例[J]. 社会学研究(6).
张和清，杨锡聪，古学斌，2008. 优势视角下的农村社会工作——以能力建设和资产建立为核心的农村社会工作实践模式[J]. 社会学研究(6).
周穗明，2003. 西方新发展主义理论述评[J]. 国外社会科学(5).
ALSTON，2005. Forging a new paradigm for Australian rural social work practice [J]. Rural Society，15(3).

BAK M, 2004. Can developmental social welfare change an unfair world? The South African experience [J]. International Social Work, 47(1).

FURNHAM A, BOCHNER, 1986. Culture shock psychological reactions to unfamiliar environments [J]. Modern Language Journal, 71(3).

GRAY M, 2002. Developmental social work: a 'strengths' praxis for social [J]. Social Development Issues, 24(1).

MIDGLEY J, 1999. Growth, redistribution, and welfare: toward social investment [J]. Social Service Review, 73(1).

MIDGLEY J, CONLEY A (eds), 2010. Social work and social development: theories and skills for developmental social work [M]. Oxford: Oxford University Press.

PERROUX F, 2010. A new concept of development: basic tenets [M]. Routledge.

Practical Research on the Intervention of Developmental Social Work in the Social Adaptation of Migrants in Poverty Alleviation and Relocation in Ethnic Areas

— Take X New Village in Yunnan Province as an Example

Xu Xuanguo　Wang Hanwen　Qin Lian

Abstract: At present, China has achieved the victory of getting rid of poverty in an all-round way, and has entered the key stage of linking poverty alleviation and rural revitalization. In this process of convergence, the social adaptation of ex situ poverty alleviation and relocation migrants has become the core issue that needs urgent attention to consolidate the achievements of poverty alleviation and help rural revitalization. In practice, it is found that the ex situ poverty alleviation and relocation migrants in X New Village of Yunnan Province are under the dual tension of tradition and modernity under the orientation of "developmentalism", showing the paradox of "double de-embedding" of tradition that cannot be retained and modernity that cannot be entered, and showing multiple structural social adaptation dilemmas. With the help of developmental social work perspective, starting from the demand focus and the integrated practice path of "trinity of culture-education-community development", the author carried out social work intervention practice for the immigrants in X New Village of Yunnan Province to adapt to the present situation, which changed the original adaptive state of suspension and dissociation to a certain extent, promoted the effective connection between individual initiative, cultural subjectivity and community publicity of the newly relocated immigrants, and provided localized professional action experience and theoretical guidance for social work intervention in the development of ethnic areas.

Key words: developmental social work; ethnic areas; social adaptation; cultural sensitivity

代际教育传递的机制与经济后果：来自中国微观调查的证据

吴一平　游　宇*

摘　要：本文利用 2008 年公民文化与和谐社会调查（The China Survey）数据，实证研究了父母受教育水平对子女受教育水平的影响机制和经济后果。研究结果显示，父母受教育水平与子女受教育水平之间呈现显著的正相关关系。具体而言，父亲的受教育水平提高 1 个单位后，受访者的受教育水平会提高 0.295 个单位；母亲的受教育水平提高 1 个单位后，受访者的受教育水平会提高 0.325 个单位。采用解放初期家庭成分是否为贫下中农作为父母受教育水平的工具变量，估计结果依然稳健。父母受教育水平影响子女受教育水平的渠道是生育子女的数量。就经济后果而言，父母受教育水平与子女的相对收入、社会地位和幸福感呈现显著的正相关关系。

关键词：代际教育传递；社会流动；生育决策

一、引言

教育与阶层流动是社会结构和分层研究中的经典议题，而教育的不平等代际传递则是其中的重要研究问题。自从 20 世纪 80 年代以来，伴随着中国从计划经济向市场经济转型，收入不平等问题愈加突显（Meng，Gregory，

* 吴一平（1977—），男，博士，上海财经大学公共经济与管理学院教授、博士生导师，研究方向为财政体制、政府治理、科技创新，E-mail：wu.yiping@shufe.edu.cn。游宇（1986—），男，博士，厦门大学公共事务学院副教授，研究方向为公共财政与地方治理、公众政治态度与行为，E-mail：youyuxx@xmu.edu.cn。

Wang, 2005; Whyte, 2014)。收入不平等在一定程度上来自代际流动(Black and Devereux, 2011; 周兴、张鹏, 2013)。教育地位的获得在个人收入和代际流动中扮演着重要角色,这已经得到学者们的普遍认同。一方面,父母对孩子社会经济地位的影响主要通过教育来传递,即父母的受教育水平在经济地位传递过程中发挥着重要影响;另一方面,教育被认为是向上流动的关键发动机。换言之,代际收入流动在很大程度上来源于代际间的教育传递(Gong, Leigh, and Meng, 2012; Zhou et al., 2018)。

教育的代际传递是如何产生的?家庭背景如何影响子女的受教育程度与社会地位?在微观层面上,Black 和 Devereux (2011)提出了三种可能的机制:其一,受教育水平高的父母收入相对较高,而更高的收入将有利于他们的孩子获得更多的教育;其二,父母的受教育水平会影响父母的时间配置和教育孩子的效率;其三,父母的受教育水平影响讨价还价的能力。受过更高教育的父母可以更多支配家庭开支以用于子女教育投资。这些影响机制仍有待于进行严谨的实证检验。

我们以中国作为研究对象,讨论代际教育传递的机制、异质性和后果。具体而言,我们将基于中国传统的"养儿防老"观念,从家庭生育决策的角度探讨代际教育传递的机制,可以作为代际教育传递研究文献的重要补充。我们研究了父母的受教育水平对子女受教育水平的影响机制,进一步观察上述影响最终是否会传导至个人福利水平上。具体来说,我们使用 2008 年 China Survey 调查数据,识别了 14 岁时父亲和母亲的受教育水平与受访者的受教育水平,采用 OLS 和两阶段最小二乘法进行分析。研究发现,父亲、母亲受教育水平增加 1 个单位后,子女受教育水平会增加 0.295 和 0.325 个单位。更为重要的是,代际教育传递的机制是家庭生育决策。中国长期流行着"养儿防老"的观念,尤其是在民众受教育水平相对较低的农村地区,父母忽视了对子女的人力资本投资,主要通过生育相对较多的子女作为普通劳动力,以劳动力规模投资实现养老目标。基于上述理论分析,我们估计了父母的受教育水平与子女数量的关系,结果显示,受教育水平相对较低的父母倾向于生育相对较多的孩子。正因为父母受教育水平直接影响子女受教育水平,而教育是决定个人收入和社会地位的重要因素,我们进一步检验了父母受教育水平的经济后果。结果显示,父母受教育水平对于个人收入、社会地位和幸福感产生了正面影响。在实证研究中,考虑到可能存在遗漏变量问题,利用家族在解放初期的阶级成分即是否被定为贫下中农成分构建了父母受教育水平的工具变量,两阶段最小二乘法的估计结果依然稳健。

本文的主要贡献有以下两点:第一,本研究对于代际教育传递的机制文献做出了贡献。现有的文献主要从收入、时间配置和讨价还价能力等视角探讨了父母教育水平影响子女教育水平的渠道。本文从父母生育决策的视角探讨了代际教育传递的机制,可以作为研究文献的补充。第二,本研究与代际教育传递的经济后果文献密切相关。近年来文献主要从收入贫困的角度加以探讨,本研究进一步拓展至个体幸福感和社会地位等主观评价领域,可以作为代际教育传递经济后果文献的重要补充。

本研究的结构如下:第二部分基于代际教育传递理论和生育决策理论提出了论文待检验的假说。第三部分是检验理论假说的数据来源和变量定义。第四部分是实证分析结果及解释。第五部分是经济后果分析。最后一部分是结论及政策建议。

二、代际教育传递:制度背景与理论假说

受教育水平的不平等在多大程度上被传递,其机制如何,学界对此进行了广泛的讨论。在宏观层面,学界存在着两种竞争性的理论假说。其一是布劳与邓肯关于社会流动与地位获得的经典研究(Peter Blau and Otis Duncan, 1967),即"精英再生论"。该理论认为,父亲的职业地位和教育程度是"先赋性"因素,本人的初职和教育程度是"自致性"因素。随着工业化和现代化进程,"先赋性"的家庭背景因素在子女教育获得和社会流动中的作用将越来越小,个体的人力资本和努力等"自致性"因素则是获得社会地位的主要驱动力[①]。

其二则是以布迪厄为代表的教育传递的"精英循环论"。该理论认为,个人在进入学校教育体系之前,通过家庭内部的早期社会化与代际传递,便已经获取了不同规模与类型的文化资本;同时,如果父母受教育水平相对较高,子女往往在接受教育上具有先天优势,进而通过教育实现社会阶层的代际延续和传递。因此,精英的再生产方式由家庭财产继承转向教育的传递,并实现从经济资本到文化资本的转换(Bourdieu and Passeron, 1990)[②]。

① 亦可参见(Treiman, 1970)。

② 对布迪厄的文化再生产理论的阐释,参见(张似韵, 2002)。

在微观层面上,教育在很大程度上会通过收入水平、职业地位以及内在品质等多方面改善个体的社会地位(Breen and Jonsson, 2005)。但是,学界更为关注的是,个体的教育获得与代际的不平等传递的相关性程度。大量实证研究支持了"精英循环论"的假说,即个体教育机会的获得与父母的受教育水平及社会地位密切相关。影响机制是多方面的,除了先天的基因因素(nature effect)之外,更多的则是后天的培育效应(nurture effect)。比如,为子女创造良好的文化氛围(如鼓励子女在文学、音乐与艺术等方面培养创造性的思维等)(Scherger and Savage, 2010; Schoon, 2008),在子女学习与智力开发方面投入更多资源与精力(Black, Devereux, Lundborg, and Majlesi, 2019; Piopiunik, 2014),让子女获取更好的初等教育资源(如学前教育、非竞争性的义务教育以及竞争性的课外辅导等)(Lareau, 2011),以及利用父母自身的社会资本为子女接受更好的高等教育创造优势(Ream and Palardy, 2012)。这些因素均在很大程度上加剧了同时代出生人群间的机会不平等。

无独有偶,以中国为背景的相关研究也得出了代际教育传递不平等的结论。首先,尽管使用了不同的全国代表性抽样的微观数据,但相关研究均得到了类似的结论,即中国存在着越发严重的代际教育传递不平等的问题(Chen, Guo, Huang, and Song, 2019; Magnani and Zhu, 2015; 邹薇、马占利, 2019)。其次,这一代际教育传递不平等在诸多方面存在着异质性,比如,与中国农村相比,中国城市的代际教育流动性较低,女性的教育不平等机会要高于男性(邹薇、马占利, 2019);农村致贫群体的教育流动性则更低,甚至有陷入教育贫困陷阱(educational poverty traps)的危险(Chen et al., 2019)。进一步,在关于影响机制的讨论中,父代对子代的影响相对较大,但父亲与母亲对子女教育水平的影响呈现差异化影响①;由于农村地区较差的教育基础设施建设、师资力量以及儿童营养不达标等因素影响,城乡的代际教育流动性差距日益拉大(Liu, Zhang, Luo, Rozelle, and Loyalka, 2010; Luo et al., 2012)。

除此之外,国家的政策干预也是影响代际教育传递的重要因素,这一点在中国的某些时期尤为明显。比如,出于意识形态的考虑,中国在某些时期使用了配额的方式优先录取工农子弟,或者在录取考生时赋予政治成分更高的权

① 关于父亲和母亲影响的比较这一问题,相关研究并未得出一致的结果,比如有的研究发现父亲的教育水平可以通过培养效应、收入传递对孩子的教育获得产生更为重要的影响(Chen et al., 2019),而另一些研究则发现母亲的教育(尽管较低)对子代接受高等教育的影响更大(邹薇、马占利, 2019)。

重等(Meng and Gregory, 2002)。我国在20世纪末采取了大学扩招政策,使得大学生数量和高等教育机会成倍增长,但却导致了城乡之间的教育不平等上升(李春玲, 2010)。一些基于全国性调查数据的研究进一步发现,高校扩招前(1981—1998年)农村户口的孩子比城市户口的孩子由高中升入大学的可能性平均低了15%左右;而在扩招后(1999—2010年),该可能性平均低了约30%(Guo, 2015)。因此,后天的培育效应、父母的社会资本等微观因素以及政策干预、城乡二元发展等宏观因素,均在不同程度上加剧了我国不同群体之间的代际教育传递不平等程度。

近年来,我国重点大学招收农村学生的比例逐步下降,2009—2012年全国高考弃考人数超过300万,一部分农村地区家境贫寒的孩子失去了上大学的机会。农村子女进入一流学府学习的难度逐渐增大,父母受教育水平相对较低的贫穷家庭陷入低教育水平的怪圈。父母受教育水平高的家庭中,子女拥有更多社会资源和更优良的学习环境,更容易取得相对更好的成绩,这将进一步加剧阶层固化。

虽然上述文献着重关注的是父母后天的培育因素,关于父母受教育水平影响子女受教育水平的机制,仍是需要重点探讨的问题。而且,由于各国的教育文化、经济发展水平以及宏观教育政策存在差异,除了后天培育效应这一"普遍因素"之外,影响机制很可能与一些具体的国情或传统文化紧密相关。就本文研究而言,我们认为这一机制源于中国家庭的生育决策。

根据2010年人口普查资料提供的信息,我们可以观察我国育龄妇女在不同受教育水平群体中的生育孩次分布规律(见表1)。育龄妇女的受教育水平分为未上过学、小学、初中、高中、大学专科、大学本科和研究生等六个层次。未上过学的育龄妇女生育一孩的比重约为31%,随着受教育水平逐渐提高,生育一孩的比重也在逐步提高。对于大学专科及以上的育龄妇女而言,生育一孩的比重大致超过了90%。对于生育二孩及三孩的育龄妇女群体,随着该群体受教育水平提高,生育二孩和三孩的比重从未上过学的69%下降至研究生的4%。

从以上人口普查资料统计分析的结果来看,我国育龄妇女生育孩子的数量随着受教育水平的提高而逐渐减少。那么,产生这一规律的深层次原因是什么呢?

表 1　2010 年全国按年龄、受教育水平、生育孩次分的育龄妇女人数比重

	一孩占比(%)	二孩占比(%)	三孩占比(%)
未上过学	31	39	30
小学	40	44	16
初中	59	35	6
高中	77	21	2
大学专科	89	10	1
大学本科	94	6	0
研究生	96	4	0
合计	62	31	7

数据来源:《中国 2010 年人口普查资料》,作者整理。

首先,对于受教育水平相对较高的父母而言,更有可能从事复杂程度较高的工作。根据 2010 年人口普查资料提供的信息,全国就业人口中受过大学专科及以上教育的比重大约为 10%;在信息传输、计算机服务和软件业中,就业人员受过大学专科及以上教育的比重大约为 55%;在金融业中,就业人员受过大学专科及以上教育的比重大约为 63%。这两个工作复杂程度高的行业中,受过较高程度教育的就业人员比重远超过行业平均水平。同时,这两个行业的工资水平在所有行业中也是处于前列的,受教育水平高的父母抚养孩子的机会成本都会相对较高。因此,从职业生涯的发展来看,这一群体会生育相对较少的孩子。

其次,我国需要为广大民众提供公平优质的公共服务,比如质量相对较高的幼儿园和小学等,现有的公共服务无法满足高标准的需求。比如,大中型城市围绕学区房所展开的竞争日益激烈就是一个典型案例(尹上岗、胡信、马志飞等, 2019)。正是因为这些公共资源供给不足,受教育水平较高的职业人士会生育相对较少的孩子。最后,我国传统文化里有着"养儿防老"的理念,对于受教育水平较高的父母而言,教育所带来的高回报可以替代子女养老的功能,因此,他们也不倾向于通过生育更多的孩子来实现养老目标。而且,养儿防老的"成效"本身也依赖于子女的受教育程度,即子女的受教育水平往往与子女可以提供的赡养水平、生活习惯以及幸福感等紧密相关,从而显著影响父母的认知与身体健康(Ma, 2019)。总之,受教育水平较高的父母倾向于生育和抚养数量较少的孩子,从而可以将固定的教育成本投入到孩子身上,提高每个子女的教育投入,最终提升孩子的受教育水平。

进一步,在经济后果上,代际教育不平等传递又会进一步加剧贫困代际传递(刘新波、文静、刘铁芳, 2019)。相关研究对中国家庭追踪调查(CFPS)在2010—2016 年四轮数据的分析后发现:中国的代际收入弹性(intergenerational elasticity of income, IGE)显著增加;而且,“代际收入持续性”的增加在低收入群体中特别明显,这也意味着代际贫困陷阱的可能性也逐渐增大(Fan, Yi, and Zhang, 2019)。诸多研究则表明,这一代际持续性在低收入群体的显著增加,在很大程度上则与代际教育的传递紧密相关(Kabeer and Mahmud, 2009; Li, Meng, Shi, and Wu, 2013)。

基于上述分析,我们提出以下假设和推论:

假说 1:父母受教育水平与子女受教育水平呈现显著的正相关关系。

假说 2:受教育水平相对较高的父母倾向于生育较少的孩子,提高每个子女的教育投入,因此子女的受教育水平相对较高。

三、数据与变量

本文使用 2008 年公民文化与和谐社会调查(The China Survey)数据,在个体层面检验上述假设。该项调查由北京大学国情研究中心和美国德州农工大学合作进行。调查时间从 2008 年 4 月 2 日至 6 月 7 日。该调查采用 GPS/GIS(全球定位系统/地理信息系统)辅助的区域抽样方法,首先根据地理行政划分和城乡差异将 31 个省、市、自治区(港、澳、台除外)分为 16 个层,依照比例分层的方法共抽取 75 个县区作为初级抽样单位(PSU),每个县区中再选取两个乡镇或街道作为次级抽样单位(SSU),共选定 150 个乡镇/街道。然后在各乡镇/街道使用与单元格人口密度成比例的 GPS/GIS 区域抽样方法抽选单元格,在每个单元格内部按照等距抽样的方法抽选受访地址,在受访地址内按照 Kish 抽样表抽取一名符合调查条件的成年人作为受访人,面对面进行问卷调查(Landry and Shen, 2005; Shields and Zeng, 2012; 严洁等, 2010)。该问卷调查实际抽样中符合调查条件的地址总数为 5 525 个,最终完成有效样本数 3 989 份,有效完成率为 72.19%。

本研究的主要被解释变量是子女的受教育水平(*Education*),其中受教育水平分为文盲、小学、初中、高中（及同等阶段教育）、大学本科及以上（及同等阶段教育）五个层次，我们分别赋值为 0～4。

关键性的解释变量是受访者 14 岁时父亲和母亲的受教育水平（*Education_Father*，*Education_Mother*），其中受教育水平分为文盲、小学、初中、高中（及同等阶段教育）、大学本科及以上（及同等阶段教育）五个层次，我们分别赋值为 0～4。

影响子女受教育水平的个体特征和地区特征在计量模型中也被控制，主要包括：性别（*Male*，男性＝1）、年龄（*Age*，样本受访时点的年龄）、民族（*Han*，汉族＝1）、户口（*Hukou*，农村户籍＝1）、宗教信仰（*Religion*，有宗教信仰＝1）和受访者所在县区的人口规模（*Population*）。本文重要的影响机制是子女的数量（*Number*），采用受访者以及兄弟姐妹的总量来度量。父母受教育水平影响的经济后果包括受访者的家庭相对收入水平（*Relative_Income*）、个人社会地位（*Social Status*）和幸福感（*Happiness*）。其中，家庭相对收入水平采用受访者对家庭收入的自我评估进行度量，相对收入水平分为 0～10，数值越大表示家庭相对收入水平越高。个人社会地位采用受访者对自己社会地位的评估进行度量，个人社会地位分为 0～10，数值越大表示个人社会地位越高。幸福感采用受访者对自己生活满意度的评估进行度量，幸福感分为 0～10，数值越大表示个人幸福感越高。表 2 列出了相关变量的简单统计指标。

表 2 变量描述性统计

	观察值	平均值	标准差	最小值	最大值
Education	3881	1.5846	1.1030	0	4
Education_Father	3542	0.9015	0.9780	0	4
Education_Mother	3678	0.5008	0.8078	0	4
Male	3881	0.4823	0.4998	0	1
Age	3881	45.9464	15.6476	18	92
Han	3881	0.8737	0.3322	0	1
Hukou	3881	0.7743	0.4181	0	1
Religion	3881	0.1559	0.3628	0	1
Population(log)	3881	13.2003	0.5745	11.5134	14.2217
Relative_Income	3707	4.3189	2.0548	0	10

(续表)

	观察值	平均值	标准差	最小值	最大值
Happiness	3784	6.8153	2.4188	0	10
Social Status	3532	4.7687	2.1002	0	10
Number	3867	3.5128	2.0758	0	9

四、实证结果与解释

(一) 基本结果

父亲的受教育水平与受访者的受教育水平相关性的初步回归结果见表 3。估计结果显示,*Education_Father* 的估计系数在 1%的统计水平上显著。第 1 列包括变量父亲的受教育水平和县(区)固定效应,结果显示,父亲的受教育水平提高 1 个单位后,受访者的受教育水平会提高 0.437 个单位。第 2~5 列逐步加入性别、年龄、民族、户口、宗教信仰和县(区)人口规模等控制变量,与第 1 列估计相比,*Education_Father* 的估计系数逐渐变小,但是统计显著性没有显著变化。第 5 列的估计结果显示,父亲的受教育水平提高 1 个单位后,受访者的受教育水平会提高 0.295 个单位。

回归结果表明,父亲的受教育水平与子女的受教育水平呈现显著的正相关关系。表 4 将父亲的受教育水平替换为母亲的受教育水平,估计了母亲的受教育水平与受访者的受教育水平相关性。估计结果显示,*Education_Mother* 的估计系数在 1%的统计水平上显著。第 1 列包括变量母亲的受教育水平和县(区)固定效应,结果显示,母亲的受教育水平提高 1 个单位后,受访者的受教育水平会提高 0.501 个单位。第 2~5 列逐步加入性别、年龄、民族、户口、宗教信仰和县(区)人口规模等控制变量,与第 1 列估计相比,*Education_Mother* 的估计系数逐渐变小,但是统计显著性没有显著变化。第 5 列的估计结果显示,母亲的受教育水平提高 1 个单位后,受访者的受教育水平会提高 0.325 个单位。我们的研究结果与现有的文献研究结论相同(Chen, Guo, Huang, and Song, 2019; Magnani and Zhu, 2015; 邹薇、马占利, 2019),这也凸显了作为转型大国的经济发展特征。

代际教育传递模型可能存在遗漏变量,同时影响父母的受教育水平和子女的受教育水平,最终影响估计结果的有效性。我们进一步采用工具变量方法解决上述内生性问题。我们采用解放初期家庭成分是否为贫下中农作为父母的受教育水平的工具变量,构建了两阶段最小二乘回归模型(2SLS)。受访者家族如果在解放初期被划定为贫下中农,那么他的家族经济条件相对较差,难以满足孩子受到良好教育的需求,这会影响到他的父母的受教育水平,但是这对于他本人受教育水平的影响相对较小。基于上述考虑,我们选用被解释变量为父母的受教育水平,并在模型中控制了县区固定效应。表 5 报告了两阶段最小二乘回归模型的估计结果,第一阶段的 *F* 统计值大于 10,这表明模型不存在弱工具变量问题。根据表 5 的估计结果,*Education _ Father* 和 *Education_Mother* 的系数分别是 0.335 和 0.520,表明父母的受教育水平与子女的受教育水平依然存在显著的正相关关系。

表 3 父亲的受教育水平与子女的受教育水平相关性

	(1)	(2)	(3)	(4)	(5)
			Education		
Education_Father	0.437 ***	0.299 ***	0.299 ***	0.295 ***	0.295 ***
	(0.026)	(0.027)	(0.027)	(0.026)	(0.026)
Male		0.347 ***	0.347 ***	0.348 ***	0.348 ***
		(0.051)	(0.051)	(0.050)	(0.050)
Age		−0.021 ***	−0.021 ***	−0.021 ***	−0.021 ***
		(0.001)	(0.001)	(0.001)	(0.001)
Han		−0.008	−0.008	−0.009	−0.009
		(0.068)	(0.068)	(0.066)	(0.066)
Hukou			−0.524 ***	−0.535 ***	−1.118 ***
			(0.019)	(0.020)	(0.130)
Religion				−0.044	−0.044
				(0.055)	(0.055)
Population					0.340 ***
					(0.085)
County	Yes	Yes	Yes	Yes	Yes
R^2	0.331	0.413	0.413	0.413	0.413
N	3633	3553	3553	3542	3542

注:括号内为标准误,在省级层面聚类处理;*** 、** 、* 分别表示在 1%、5%和 10%的水平上显著。

表 4　母亲的受教育水平与子女的受教育水平相关性

	(1)	(2)	(3)	(4)	(5)
			Education		
Education_Mother	0.501 ***	0.329 ***	0.329 ***	0.325 ***	0.325 ***
	(0.031)	(0.035)	(0.035)	(0.034)	(0.034)
Male		0.345 ***	0.345 ***	0.346 ***	0.346 ***
		(0.047)	(0.047)	(0.045)	(0.045)
Age		−0.021 ***	−0.021 ***	−0.021 ***	−0.021 ***
		(0.001)	(0.001)	(0.001)	(0.001)
Han		−0.013	−0.013	−0.015	−0.015
		(0.070)	(0.070)	(0.065)	(0.065)
Hukou			−0.468 ***	−0.480 ***	−1.311 ***
			(0.023)	(0.026)	(0.138)
Religion				−0.049	−0.049
				(0.052)	(0.052)
Population					0.484 ***
					(0.091)
County	Yes	Yes	Yes	Yes	Yes
R^2	0.316	0.403	0.403	0.404	0.404
N	3772	3689	3689	3678	3678

注:括号内为标准误,在省级层面聚类处理;*** 、** 、* 分别表示在 1%、5%和 10%的水平上显著。Controls 与表 2 和表 3 的最后一列控制变量相同。

表 5　两阶段最小二乘法估计结果

Panel A. Second stage.	***Education***	
	(1)	(2)
Education_Father	0.335 ***	
	(0.092)	
Education_Mother		0.520 ***
		(0.123)
Controls	Yes	Yes
County	Yes	Yes
Observation	3542	3678
Panel B. First stage	*Education_Father*	*Education_Mother*
Historical Class	−0.038 ***	−0.214 ***
	(0.036)	(0.219)
First stage F−stat	35.226(0.000)	21.852(0.000)

注:括号内为标准误,在省级层面聚类处理; *** 、** 、 * 分别表示在 1%、5%和 10%的水平上显著。

（二）机制分析

根据本文第二部分的理论分析,父母受教育水平影响子女受教育水平的渠道是子女的数量。为了识别子女数量这一影响机制,我们采用受访者报告的兄弟姐妹数量加上受访者本人构建了子女数量这一指标,估计了父母受教育水平与子女数量之间的相关性,具体的估计结果见表 6。表 6 第 1 列估计了父亲的受教育水平与子女数量的相关性,第 2 列估计了母亲的受教育水平与子女数量的相关性。第 1～2 列的估计结果显示,父母亲的受教育水平越高,生育的子女数量越少。第 3 列估计了子女数量与受访者受教育水平的相关性,结果显示,受访者的兄弟姐妹越多,他本人的受教育水平越低。上述估计结果表明,父母亲的受教育水平通过生育子女数量这一渠道影响受访者的受教育水平。

表 6 父母的受教育水平与子女数量

	(1)	(2)	(3)
	Number		*Education*
Education_Father	−0.206 ***		
	(0.056)		
Education_Mother		−0.383 ***	
		(0.052)	
Male	−0.225 ***	−0.240 ***	0.357 ***
	(0.069)	(0.068)	(0.050)
Age	0.026 ***	0.020 ***	−0.028 ***
	(0.003)	(0.004)	(0.001)
Han	−0.145	−0.051	0.007
	(0.147)	(0.143)	(0.079)
Hukou	−1.081 ***	−1.025 ***	−1.394 ***
	(0.264)	(0.228)	(0.167)
Religion	−0.076	−0.018	−0.041
	(0.146)	(0.132)	(0.056)
Population	1.065 ***	1.023 ***	0.487 ***
	(0.176)	(0.156)	(0.111)
Number			−0.020 **
			(0.009)
County	Yes	Yes	Yes
R^2	0.124	0.126	0.367
N	3535	3671	3867

注:括号内为标准误,在省级层面聚类处理;*** 、** 、* 分别表示在 1%、5%和 10%的水平上显著。

(三) 经济后果

接下来,我们进一步观察父母受教育水平影响子女受教育水平的经济后果。具体来说,我们将从家庭相对收入水平、个人社会地位和个人幸福感三个方面来考察,估计结果见表 7 和 8。表 7 和表 8 的第 1 列估计了父母受教育水平对受访者家庭相对收入水平的影响,结果显示,父亲和母亲的受教育水平增加 1 个单位,家庭相对收入水平增加 0.279 和 0.300 个单位。根据这一估计结果,我们可以发现,父母的受教育水平在提高子女家庭经济收入方面的积极影响。其中的原因是,父母良好的教育背景通过代际传递给子女,子女受到良好的教育之后,可以获得高额的教育投资回报,直接在家庭收入上反映出来。父母受教育水平除了对于受访者的家庭收入产生积极影响,还影响着受访者的社会地位。受过良好教育的人更会被他人所尊重,进而在社会中拥有较高的社会地位。表 7 和表 8 的第 2 列估计了父母受教育水平对受访者社会地位的影响,结果显示,父亲和母亲的受教育水平增加 1 个单位,个人社会地位增加 0.219 和 0.188 个单位。幸福感是个人从经济收入、社会地位等各类要素中获得的满足程度。父母受教育水平对于家庭相对收入和个人社会地位产生正面影响,那么这些影响综合起来就反映到了个人幸福感层面,最终对于幸福感也产生了正面影响。表 7 和表 8 的第 3 列估计了父母受教育水平对受访者幸福感的影响,结果显示,父亲和母亲的受教育水平增加 1 个单位,个人幸福感增加 0.254 和 0.252 个单位。

表 7　父亲受教育水平的经济后果

	(1)	(2)	(3)
	Relative_Income	*Social Status*	*Happiness*
Education_Father	0.279 ***	0.219 ***	0.254 ***
	(0.046)	(0.055)	(0.062)
Male	0.191 **	0.148 *	−0.019
	(0.075)	(0.081)	(0.059)
Age	−0.003	0.009 ***	0.009 **
	(0.003)	(0.003)	(0.003)
Han	0.028	0.186	−0.041
	(0.226)	(0.295)	(0.206)
Hukou	0.533	0.710	0.157
	(0.350)	(0.522)	(0.384)
Religion	−0.059	0.027	−0.153
	(0.110)	(0.158)	(0.191)

(续表)

	(1)	(2)	(3)
Population	−0.364	−0.803 **	0.831 ***
	(0.238)	(0.346)	(0.255)
County	Yes	Yes	Yes
R^2	0.114	0.070	0.102
N	3411	3264	3465

注:括号内为标准误,在省级层面聚类处理;*** 、** 、* 分别表示在 1%、5%和 10%的水平上显著。

表 8 母亲受教育水平的经济后果

	(1)	(2)	(3)
	Relative_income	*Social status*	*Happiness*
Education_Mother	0.300 ***	0.188 **	0.252 ***
	(0.076)	(0.070)	(0.056)
Male	0.202 **	0.176 **	0.001
	(0.074)	(0.075)	(0.056)
Age	−0.004	0.006 **	0.008 ***
	(0.003)	(0.002)	(0.003)
Han	−0.038	0.042	−0.150
	(0.212)	(0.246)	(0.201)
Hukou	0.151	0.387	−0.307
	(0.325)	(0.411)	(0.364)
Religion	−0.078	−0.017	−0.121
	(0.094)	(0.143)	(0.172)
Population	−0.137	−0.610 **	1.049 ***
	(0.223)	(0.276)	(0.244)
County	Yes	Yes	Yes
R^2	0.111	0.065	0.098
N	3533	3378	3603

注:括号内为标准误,在省级层面聚类处理;*** 、** 、* 分别表示在 1%、5%和 10%的水平上显著。

（四）稳健性检验

在基准回归中，部分受访者是1949年之前出生的，占有效样本的比重为22%。以1949年为界的我国制度巨大差异可能会对估计结果产生显著影响。基于这一考虑，我们剔除了1949年前出生的受访者样本，重新估计了父亲和母亲受教育水平对子女受教育水平的影响，结果见表9的第1～2列。我们发现，剔除1949年前出生的样本，父母受教育水平对子女受教育水平依然产生了显著的正面影响，估计系数与表3和表4的最后一列没有显著差异。此外，我们将估计模型的聚类处理替换成县级单位，重新估计了模型，结果见表9的第3～4列。我们发现，估计结果与表3和表4的最后一列没有显著差异。

表9　稳健性检验

	(1)	(2)	(3)	(4)
		Education		
Education_Father	0.298 ***		0.295 ***	
	(0.027)		(0.025)	
Education_Mother		0.312 ***		0.325 ***
		(0.033)		(0.026)
Controls	Yes	Yes	Yes	Yes
County	Yes	Yes	Yes	Yes
R^2	0.408	0.392	0.426	0.417
N	2783	2868	3542	3678

注：括号内为标准误，(1)～(2)在省级层面聚类处理，(3)～(4)在县级层面聚类处理；*** 、** 、* 分别表示在1%、5%和10%的水平上显著。Controls包含的控制变量与表3第5列相同。

五、结论

在本文中，我们为代际教育传递的影响机制提供了新的证据。我们的研究发现，父母受教育水平与子女受教育水平之间呈现显著的正相关关系。具体而言,父亲的受教育水平提高1个单位后,受访者的受教育水平会提高0.295个单位;母亲的受教育水平提高1个单位后,受访者的受教育水平会提高0.325个单位。更为重要的是,父母受教育水平影响子女受教育水平的渠道是生育子女的数量。受教育水平高的父母抚养孩子的机会成本都会相对较高;子女教育等公共资源供给不足,受教育水平较高的职业人士会生育相对较少的孩子;对于受教育水平较高的父母而言,教育所带来的高回报可以替代子女养老的功能,他们也不倾向于通过生育更多的孩子来实现养老目标。正因为上述原因,受教育水平较高的父母倾向于生育和抚养数量较少的孩子,从而可以将固定的教育成本投入到孩子身上,提高每个子女的教育投入,最终提升孩子的受教育水平。父母受教育水平通过影响子女受教育水平,最终影响了子女的家庭收入、社会地位和幸福感。

本研究对于政策设计具有启示意义。①解决贫困的关键点是提升民众的受教育水平。过去对于该问题的认识仅仅停留在静态层面,实际上教育或人力资本会呈现代际传递的规律。因此,为了解决部分民众收入水平低乃至贫困问题,必须对于每一代人都加强教育投资,经过若干代的传递,最终能够解决这一难题。②养儿防老的观念在农村或者受教育水平低的群体中已经根深蒂固了,受教育水平低——生育孩子多——教育投资不足形成了恶性循环。为了打破这一链条,需要政府对于受教育水平低的弱势群体提供相对较多的教育补助,帮助他们通过人力资本积累走出贫困怪圈。

参考文献

李春玲，2010. 高等教育扩张与教育机会不平等——高校扩招的平等化效应考查[J]. 社会学研究(3)：82－113.

刘新波，文静，刘轶芳，2019. 贫困代际传递研究进展[J]. 经济学动态 (8)：130－147.

严洁等，2010. 公民文化与和谐社会调查数据报告[M]. 北京：社会科学文献出版社.

尹上岗，胡信，马志飞，等，2019. 基于教育公平视角的城市学区房价格时空效应——以南京主城区公办小学为例[J]. 经济地理(9)：12.

张似韵，2002. 学校教育体制与社会等级制的再生产——布尔迪厄的文化再生产理论评述[J]. 社会(1)：14－17.

周兴，张鹏，2013. 代际间的收入流动及其对居民收入差距的影响[J].中国人口科学(5)：50－59.

邹薇，马占利，2019. 家庭背景、代际传递与教育不平等[J]. 中国工业经济(2)：80－98.

BLACK S E，DEVEREUX P J，2011. Recent developments in intergenerational mobility

[M]. CARD D, ASHENFELTER O. Handbook of Labor Economics. Amsterdam: Elsevier: 1487-1541.

BLACK S E, DEVEREUX P J, LUNDBORG P, MAJLESI K, 2019. Understanding intergenerational mobility: the role of nature versus nurture in wealth and other economic outcomes and behaviors [J]. London.Working Paper.

BOURDIEU P, PASSERON J-C, 1990. Reproduction in education, culture and society [M]. Sage Publications.

BREEN R, JONSSON J O, 2005. Inequality of opportunity in comparative perspective: recent research on educational attainment and social mobility [J]. Annual Review of Sociology, 31: 223-243.

CHEN Y, GUO Y, HUANG J, Song Y, 2019. Intergenerational transmission of education in China: new evidence from the Chinese Cultural Revolution [J]. Review of Development Economics, 23(1): 501-527.

FAN Y, YI J, ZHANG J, 2019. Rising intergenerational income persistence in China [J]. American Economic Journal: Economic Policy, Forthcoming.

GONG H, LEIGH A, MENG X, 2012. Intergenerational income mobility in urban China [J]. Review of Income and Wealth, 58(3): 481-503.

GUO M, 2015. Towards a general theory of education-based inequality and mobility: Who wins and loses under China's educational expansion, 1981—2010 [M]. Harvard University.

KABEER N, MAHMUD S, 2009. Imagining the future: children, education and intergenerational transmission of poverty in urban Bangladesh [J]. IDS Bulletin, 40(1): 10-21.

LANDRY P F, SHEN M, 2005. Reaching migrants in survey research: the use of the global positioning system to reduce coverage bias in China [J]. Political Analysis, 13 (1): 1-22.

LAREAU A, 2011. Unequal Childhoods: Class, race, and family life [M]. University of California Press.

LI H B, MENG L S, SHI X Z, et al., 2013. Poverty in China's colleges and the targeting of financial aid [J]. The China Quarterly, 216: 970-992.

LIU C F, ZHANG L X, LUO R F, et al., 2010. The effect of primary school mergers on academic performance of students in rural China [J]. International Journal of Educational Development, 30(6): 570-585.

LUO R F, SHI Y J, ZHANG L X, et al., 2012. Nutrition and educational performance in rural china's elementary schools: results of a randomized control trial in Shaanxi province [J]. Economic Development & Cultural Change, 60(4): 735 - 772.

Ma M M, 2019. Does children's education matter for parents' health and cognition? evidence from China [J]. Journal of Health Economics, 66: 222 - 240.

MAGNANI E, ZHU R, 2015. Social mobility and inequality in urban China: understanding the role of intergenerational transmission of education [J]. Applied Economics, 47(43): 4590 - 4606.

MENG X, GREGORY R G, 2002. The impact of interrupted education on subsequent educational attainment 8136A732ost of the Chinese Cultural Revolution [J]. Economic Development and Cultural Change, 50(4): 935 - 959.

MENG X, GREGORY R, WANG Y, 2005. Poverty, inequality, and growth in urban China, 1986—2000[J]. Journal of Comparative Economics, 33(4): 710 - 729.

PETER B, OTIS D, 1967. The American occupational structure[M]. The Free Press.

PIOPIUNIK, M, 2014. Intergenerational transmission of education and mediating channels: evidence from a compulsory schooling reform in Germany [J]. Scandinavian Journal of Economics, 116(3): 878 - 907.

REAM R K, PALARDY J. 2012. Reexamining social class differences in the availability and the educational utility of parental social capital [J]. American Educational Research Journal, 45(2): 238 - 273.

SCHERGER S, SAVAGE M, 2010. Cultural transmission, educational attainment and social mobility [J]. The Sociological Review, 58(3): 406 - 428.

SCHOON I, 2008. A transgenerational model of status attainment: the potential mediating role of school motivation and education [J]. National Institute Economic Review, 205(205): 72 - 82.

Shields T, Zeng K, 2012. The reverse environmental gender gap in China: evidence from "the China survey." [J]. Social Science Quarterly, 93(1):1 - 20.

TREIMAN D J, 1970. Industrialization and social stratification [J]. Sociological Inquiry, 40(2): 207 - 234.

WHYTE M K, 2014. Soaring income gaps: china in comparative perspective [J]. Daedalus, 143(2): 39 - 52.

ZHOU X, CHENG S, HOROWITZ J, et al., 2018. Equalization or selection? Reassessing the "meritocratic power" of a college degree in intergenerational income mobility[J]. American Sociological Review: 1 - 27.

The Mechanism and Economic Consequence of Intergenerational Transmission of Education: Evidence from China

Wu Yiping You Yu

Abstract: This study empirically investigates the mechanism and economic consequences of intergenerational transmission of education in China. We found that the level of education between parents and their children shows a significantly positive correlation. Specifically, with one unit rising of the father's education level, the education level of the respondent could increase by 0.295 units; with the same change in the mother's education level, there will be 0.325. unit increasing in the education level of the respondent. The results are robust when taking the dummy variable that whether the family background is the poor and lower-middle peasants as IV. And the mechanism behind intergenerational transmission of education can also be explained by the number of children the couple had. As far as economic consequences are concerned, there is a positive correlation between the level of education of parents and the relative income, social status and happiness of their children.

Key words: intergenerational transmission of education; social mobility; fertility decision

育人为善

——基于“善识计划”的一项混合研究

李华芳　李　健*

摘　要：慈善教育作为普及慈善文化的重要途径之一正在日益获得关注。以敦和基金会和公益慈善学园联合发起的旨在支持高校公益慈善通识教育的“善识计划”学生问卷数据，运用混合研究方法，对比学生在参与善识计划一期课程前后的社会需求意识、学业兴趣、社会责任感和公益慈善意向的变化，进而探究公益慈善通识教育的有效性。研究发现：学校和学生通过公益慈善通识教育在整体上更好合供了学习效果。总体而言，从上述四个方面的学习结果来看，参与善识计划课程的学生们的平均分值课后都比课前有了提高。尽管公益慈善通识教育显著提升了学生的需求意识和学业兴趣，但在提升社会责任和公益慈善意向方面的效果却不显著。

关键词：慈善教育；通识教育；混合研究；合供

一、引言

自2014年12月国务院印发的《关于促进慈善事业健康发展的指导意见》中明确提出“要着力推动慈善文化进学校”“完善慈善人才培养”等举措以来，慈善教育在我国方兴未艾，并逐渐由以中小学校园为主的零散、运动式的传播走向大学课堂以系统、可持续为特点的慈善知识传授（石国亮，2015）。与此同时，慈善教育也呈现出不同的教学模式（蓝煜新等，2019），总结起来，慈善教育

* 李华芳（1981—），男，博士，匹兹堡大学公共与国际事务研究生院助理教授，研究方向为公共与非营利组织管理，聚焦于利用多元方法研究合供与捐赠行为。E-mail：lihuafang@pitt.edu。李健，中央民族大学管理学院教授。

的办学动机和目标不外乎以下两种:一种是以培养专业慈善人才为目标的学历或辅修教育;一种是以普及和推广慈善文化为目标的通识教育。相比之下,学界围绕前者的讨论相对较多(杨志伟,2016a;杨志伟,2016b;李健,2017;田园,2021),而针对慈善通识教育的关注则相对不足。

慈善是具有广泛群众性的道德实践(季羡林,2006),是大学生德育的重要组成部分。而当慈善作为一门育人学科进入教学体系时,它需要制度的顶层设计,从课程设置、学分设置、教材选编、师资培训等若干方面进行综合考虑,这超越了单纯的慈善文化宣传,是育人的一种创新元素、载体和途径(石国亮,2015)。

通常而言,教育可以通过课堂授课和服务学习两种办法及其结合。从信息沟通的角度来看,课堂教学侧重理论,往往轻实务;而服务学习能结合实践提供一手经验。以往研究表明强调实践经验的服务学习对学习效果有正面作用(Astin et al.,2000; Clayton et al.,2013; Dewey,1916)。不过服务学习耗时耗力,通常需要和社区或其他组织合作,对学校和老师而言也会构成负担。如果传统的课堂授课就能达成让个人获得经验并激励个人合供,那就未必需要服务学习。所以何种教学方式更能降低信息不对称程度以及激励学生主动学习、合供更好的教育成果就是一个亟待回答的重要问题。就公益慈善教育而言,一般有双重目的:一方面着眼于提高学生的公益慈善意识和未来参与公益慈善活动的意向,另一方面兼有提高学生学业表现的目的。对大学公益慈善教育而言,以往研究发现"体验式慈善(experiential philanthropy)"作为一种服务学习的形式,不仅能有效提升学生对公益慈善组织的认识,提高学生参与公益慈善活动的意向,也能提升学生的学业兴趣和表现(Ahmed and Olberding, 2007; Li et al., 2019, 2020; McDougle et al., 2017; Xu et al., 2018),并且体验式慈善的正面效应可以持续很长时间(Astin et al., 2000; Olberding, 2012)。但正如服务学习一样,体验式慈善同样遭受高成本问题的困扰。比如体验式慈善课堂需要的资金通常需要基金会资助,否则体验式慈善可能就无从谈起(Learning by Giving Foundation, n.d.)。

那么是否有可能通过无需额外资金资助的传统课堂来传授公益慈善知识,达到与体验式慈善课程类似的效果呢?回答这个问题,一来在理论上能回答不同经验对学习效果的影响是否有差异,二来在实践上能启示如何更有效进行公益慈善教育。如果没有体验式慈善的内容,教学受到经费限制就小很多。如果通过传统课堂教授公益慈善知识,也能取得类似通过"个人经验"的效果,那么就应该大规模开设公益慈善通识课程,因为间接经验和直接经验一样对教育成果有正面影响。

本文以公益慈善通识教育"善识计划"一期为例(敦和基金会,2019),运用混合研究方法,对比学生在参与"善识计划"一期课程前后的社会需求意识、学业兴趣、社会责任感和公益慈善意向的变化,来探究公益慈善通识教育是否有效。本文接下来先综述相关文献,提出供验证的假说。随后解释本文采集的数据和应用的分析方法。呈现分析结果后,本文进一步讨论这些结果的理论贡献和实践启示。在最后的结论部分,本文还指出了未来值得跟进的几个研究议题。

二、文献综述

(一)合供中的信息不对称

良好的社会治理需要公共组织和个人或集体一起合供。个人参与合供的一个重要途径是通过慈善活动与组织一起应对社会挑战,满足社会的多元需求,包括教育、环保、医疗、扶贫等。过往研究往往假设个人与组织之间的信息是对称的,沟通没有成本或者成本可以忽略不计,这样组织一旦有合供需求和倡议,个人就会积极响应,合供也能取得符合组织和个人预期的效果。比如说传统合供文献在讨论教育领域的合供时,默认家长和学生知道学校的目标是什么,以及学校达成目标的途径又是什么,甚至还知道学校希望他们做什么,这样一旦学校宣布某一项合供需求时,不管合供是不是互补性的,也不管合供双方是不是在设计阶段就开始合作,家长和学生就会积极行动起来,最终达成合供双方满意的结果(Brandsen and Honingh,2016)。

然而,在现实合供过程中,个人与组织之间往往存在信息不对称,信息不对称会阻碍个人合供的意愿(Li,2020a)。在教育领域,家长和学生相对于学校,并没有信息优势。20 世纪七八十年代,尼日利亚政府公有化了学校之后,配套的资源和措施捉襟见肘,信息在学校和家长之间不对称。尼日利亚的学校不断调整教材,家长茫然无措不知道要买什么教材,家长参与合供的效率大大降低,进一步妨碍了学生的学习效果(Ostrom,1996)。

但如果政府提供资源来主动降低信息不对称的程度,就可能会极大激励家长参与合供。比如在丹麦的一项实地实验表明,如果政府提供儿童语言服务包，包括童书、游戏和指导家长如何帮助孩子学习丹麦语的视频等，能够显著提高家长参与儿童学习丹麦语的合供过程（Jakobsen，2012）。这项实地实验将 614 户新移民家庭随机分成两组，控制组的 280 户家庭一切照常，而对照组的 334 户家庭则获得政府提供的儿童语言服务包。这个语言服务包于 2009 年 4 月发放给对照组中的家庭，研究人员随后在 2009 年底至 2010 年初研究了家长如何帮助儿童学习丹麦语，发现对照组家庭给孩子用丹麦语朗读的频次要远远高于控制组。儿童语言服务包显著降低了丹麦政府和新移民家庭之间的信息不对称程度，视频能指导新移民家长更有效帮助儿童学习丹麦语（Jakobsen，2012）。

另外信息不对称可能会恶化公众对政府的不信任，进一步降低合供效率。例如新冠肺炎疫情初期，公众和美国政府之间有巨大的信息落差，加剧了公众对美国政府的不信任，使得政府原本希望公众合供的“保持社交距离、勤洗手和戴口罩”等有效的防疫措施在美国未能有效实施，使得美国疫情迅速恶化（Li，2020b）。所以对公共组织而言，如果想要提高合供效率，那么有效与公众沟通、降低信息不对称，就是迫在眉睫的任务（Alon-Barkat，2020；Dorsey，1957）。Alon-Barkat（2020）还特别提到政府有效的象征性信息能够提高公众信任，甚至使公众忽略政府信息中不一致的地方，促进合供。

（二）教育作为信息渠道

那么究竟如何才能降低公共组织和个人之间的信息不对称程度从而促进合供呢？通常而言，公共组织会通过不同信息渠道传递不同信息内容，对降低信息不对称程度和促进个人合供产生的影响也不相同（Li，2020a）。例如当下社交媒体作为一种信息渠道，被不少公共组织寄予厚望，认为通过社交媒体能够和公众有效沟通，从而降低信息不对称，促进公众参与合供。但有研究发现，非营利组织利用社交媒体传递与组织宗旨相关的信息、直接要求帮忙的信息以及财务和绩效信息，都未能提高个人的捐赠意向（Li，2017）。而与从网络上获得非营利组织的信息相比，个人与非营利组织相关的经验，例如曾经捐款给非营利组织的经验或者曾经为非营利组织当过志愿者或者实习工作的经验，反而能有效提高人们的捐赠意向（Li and McDougle，2017）。

如果个人经验能有效促成合供，那么怎么样才能让个人有经验呢？教育能传授经验，被认为是有效降低信息不对称的一个手段。例如在一个信息不完全的动态环境中，教育能够帮助农户提高有效获取和处理信息的能力，从而改善决策，使得他们能在玉米种植中对氮肥最佳数量作出调整，提高玉米产量

(Huffman, 1974)。另外,教育可以通过长期的用不同教授策略传授知识,来改善信息处理能力(Pressley et al., 1989)。

而课堂作为一种信息沟通渠道,不仅能通过讲授方式传授间接经验,也能通过服务学习让学生结合实践获得一手经验。教育界普遍认为一手经验具有重要的教育价值。不少研究认为基于服务学习获得的一手经验,能提高学习效果(Astin et al., 2000; Clayton et al., 2013; Dewey, 1916)。比如 Astin 等人追踪了 22 236 名 1994 年入学到 1998 年毕业的美国大学本科生,定量分析发现在大学期间参与服务学习在所有 11 项结果测量中都对学生产生了明显的积极影响:学习成绩(GPA、写作能力、批判性思维能力)、价值观(对行动主义和促进种族理解的承诺)、自我效能感、领导力(领导活动、自评领导能力、人际交往能力)、对服务职业的选择以及大学毕业后参与服务的计划。每五个参加服务学习的学生中就有四个以上认为他们的服务“有所作为”,他们从服务经历中得到了学习。不管学生入学前是否决定毕业后会从事服务领域的工作,参与服务对学生决定在服务领域从事职业产生了强烈的积极影响。另外,Astin 等人的这项研究还访谈了参与服务学习的部分老师和同学,定性研究结果表明,服务学习之所以有效的部分原因是它促进了四种类型的结果:教师和学生都培养了更高的公民责任感和个人效能感,增加了对世界的认识,增加了对个人价值的认识,以及增加了对课堂经验的参与 (Astin et al., 2000)。

以体验式慈善这一服务学习为例,过往研究表明其不仅能提升学生对社会需求和公益慈善组织的认识,提高学生的社会责任感和参与未来公益慈善的意向,也能提升学生的学业兴趣和表现(Ahmed and Olberding, 2007; Li et al., 2019, 2020; McDougle et al., 2017; Xu et al., 2018)。例如 McDougle 和同事研究了北肯塔基大学 973 名在 2009 到 2013 年间参与体验式慈善课程的学生,他们通过对比体验式慈善课程前后的问卷数据,发现上过体验式慈善课程的学生,提高了对社会需求的意识和非营利组织的认识、对公益慈善课程及学业也更感兴趣、有更高的社会责任感且愿意通过各种方式让世界变得更美好,并且将来也更愿意从事公益慈善活动的意向(McDougle et al., 2017)。后续研究证实了这种体验式慈善带来的积极效应并不是出于学生的自我选择效应,通过文本分析学生对开放式问题的回应,发现各方面效果的提升是实实在在的(Li et al., 2019)。学者们通过对比东北师范大学学生在参与体验式慈善课程前后的变化,发现体验式慈善课程在中国也有类似的积极作用(Li et al., 2020),并且体验式慈善有长期的正面效果 (Olberding, 2012)。

服务学习和体验式慈善有效，一个可能的解释是第一手的个人经验在其中起到不可忽视的作用。学生通过实践经验习得默会知识(Dewey, 1986)，帮助他们增强了对社会的责任感，提升了他们为社会做贡献的意向。但并非所有学者都认同一手经验的重要性，他们指出经验不一定是最好的老师(Buchmann and Schwille, 1983)。因为一手经验会固化我们的一些偏见，从而在后续实践中把人带到错误的方向上；一手经验还往往将发生的事情和必要的事情混为一谈，从而抑制了创新的可能性；而基于二手资料和过往经验的教育也有机会使学生接触一手经验之外的知识(Buchmann and Schwille, 1983)。所以传统课堂授课未必效果就差。

另外相比于传统课堂授课，服务学习往往更加耗时费力成本高昂。尤其是和社区结合的项目，更需要社区伙伴的配合才能开展，对学校和授课老师而言也是一个不小的负担(Benz et al., 2020; Clayton et al., 2013)。体验式慈善同样遭受高成本问题的困扰。例如北肯塔基大学的体验式慈善项目从设立开始到 2015 年，光花在支持学生去资助非营利组织的资助费用就接近一百万美元 (McDougle et al., 2017)。所以体验式慈善课堂需要的资金通常需要基金会资助，否则可能就是空中楼阁，没法落实(Learning by Giving Foundation, n.d.)。

如果传统的课堂授课就能达成让个人获得经验并激励个人合供，那么服务学习就不一定必要。比如说短时间的针对性培训，或许就有良好的效果。比如一项对美国车管所职员的器官捐赠培训，就大大增加了车管所职员对捐赠的知识、态度、信念和行为意向 (Harrison et al., 2008)。美国的器官捐赠和驾驶证是连在一起的，当你去车管所领驾驶证时，就会询问你是否愿意死后捐赠器官。所以车管所职员对器官捐赠的知识和意向会影响驾驶证申领者是否愿意捐赠器官。这项研究表明，哪怕只是一个小时的针对性培训，都有显著效果：在车管所职员接受器官捐赠培训的县，比起未接受器官捐赠培训的县，器官捐赠的登记率要高出 14%，比全州平均高出 9% (Harrison et al., 2008)。所以短时针对性培训也可以是增加知识、降低信息不对称且提高合供的有效途径。

所以，到底何种教学方式更能降低信息不对称程度以及激励学生主动学习、合供更好的教育成果就是一个亟待回答的重要问题。就公益慈善教育而言，与体验式慈善相比，一方面传统课堂授课未必无效；另一方面传统课堂成本相对较低，不需要有额外的经费来支持学生的捐赠活动。那么能否通过传统课堂来传授公益慈善知识,也达到与体验式慈善课程类似的效果呢?

为了回答上述问题,本研究提出如下假设:

假设1:公益慈善通识教育可以提高学生的社会需求意识;

假设2:公益慈善通识教育可以提高学生的学业兴趣;

假设3:公益慈善通识教育可以提高学生的社会责任感;

假设4:公益慈善通识教育可以提高学生的公益慈善意向。

三、数据与方法

我们利用“善识计划”第一期的数据来验证上述假说。“善识计划”是敦和基金会为了普及青年一代大学生对公益慈善的理解和认知,培养有担当、有作为的新时代人才,在2019年启动的一项拓展公益慈善通识教育的计划,由公益慈善学园负责执行(敦和基金会,2019)。“善识计划”通过支持国内高校教师开设公益慈善方向公共选修课程,来提升选课学生对公益慈善的理解和未来从事公益慈善的意向。

从2020年2月到2020年12月间,我们向参与“善识计划”第一期课程的北京科技大学、北京师范大学、电子科技大学、华北电力大学、华东理工大学、华东政法大学、华东师范大学、南开大学、南京师范大学、浙江大学宁波理工学院等10所大学480名学生发放了课前和课后问卷,询问学生对社会需求的意识(需求意识)、对公益慈善课程及学业的兴趣(学业兴趣)、对社会的责任感(社会责任)和将来从事公益慈善活动的意向(公益慈善意向)。去除关键信息完全缺失的问卷,共计回收445份课前测试问卷和341份课后问卷,纳入最终分析。

具体而言,在课前和课后问卷中,我们请学生回答15个与社会需求意识、学业兴趣、社会责任感和公益慈善意向相关的问题,对每一个问题从0到100尺度绩点(scale points)打分表明自己的意向分值。分值越高就越认同某项陈述或越有可能行动。0分表示完全不同意,100分表示完全同意(见表1)。这15个问题是根据Lindsey McDougle和同事一项关于体验式慈善效果的研究改编而来(McDougle et al.,2017),在评估善识计划第一期课程效果时做了相应的调整。

另外,在课后问卷中,我们请学生回答下列四个开放性问题:

(1)通过这个学期的学习,请用简单的几句话描述一下你认为与社会问题、非营利组织和公益慈善相关的最重要的议题是什么?

(2)通过这个学期的学习,在校园生活或者社区生活方面,你打算做些改变吗?如果是,你会做哪些改变呢?可否简单说明一下?

(3)关于这门课,你最喜欢哪个部分?为什么呢?

(4)关于这门课,你觉得有哪些部分需要改进呢?

我们用学生们的回答来佐证课程效果和解释分值变化。

表1　善识课程效果的描述性统计

		课前问卷				
		人数	平均值	标准差	最小值	最大值
需求意识	我了解生活在我身边的人以及他们的需求 我了解身边的公益慈善组织	445	49.49	21.01	0.00	100.00
学业兴趣	我对这门课感兴趣 我对公益慈善感兴趣 我打算多选一些公益慈善方面的课程 如果有可能,我打算读一个公益慈善领域的学位	410	72.31	22.44	0.00	100.00
社会责任	我有兴趣加入一个社团或组织去帮助他人 我打算和其他人一起努力解决我身边的问题 我觉得自己有责任帮助有需要的人 我觉得要对自己所在的社区负责 我觉得我能为让世界变得更美好出一份力	441	72.31	20.01	8.80	100.00

(续表)

		课前问卷				
		人数	平均值	标准差	最小值	最大值
公益慈善意向	我将来会参与志愿活动 我将来会帮助公益组织募捐 我将来会给公益组织捐款 毕业后,我打算从事与公益慈善相关的工作	403	68.45	19.39	0.00	100.00
		课后问卷				
		人数	平均值	标准差	最小值	最大值
需求意识		341	55.23	20.12	1.50	100.00
学业兴趣		323	65.81	20.97	2.00	100.00
社会责任		337	74.24	19.28	8.00	100.00
公益慈善意向		319	70.64	17.50	12.75	100.00

注:因为不是每一个人都回答了所有的问题,所以课前问卷中每个问题回答的人数会少于等于445人,而课后问卷中每个问题回答的人数少于等于341人。每个方面的意向分值为学生回答该方面涵盖问题的意向分值的平均分。

本文采用定性和定量混合的方法,通过问卷测量学生在上善识课程前后的意向分值变化,以及挖掘学生对开放性问题的回应以克服自选择问题,将两者结合起来评估善识计划课程的效果。以学生学习效果来评估公益慈善课程是否有效也是一种常见的评估方法。例如一项关于“体验式慈善在中国”效果的研究,就应用了这个办法(Li et al., 2020)。

具体而言,我们首先将15个衡量教育成果的问题分成4个方面的结果变量,分别是:需求意识、学业兴趣、社会责任、公益慈善意向。我们用4个结果变量来衡量善识计划的整体效应,利用方差分析(ANOVA)对比课程前后的结果变量的均值变化是否显著。我们还应用普通最小二乘法(OLS:Ordinary Least Squares),以课后(“课后”取值为1;对照组为“课前”取值为0)来推断结果变量的变化是否显著。其次，我们列出了 15 个问题对应的 15 个细分结果变量的分项效应。同样应用 ANOVA 和 OLS 分别检验善识计划课程前后结果变量变化是否显著。最后，我们通过文本分析了学生对课后问卷中 4 个开放问题的回应，归纳出重要的主题，并与学生的代表性回应结合，来佐证结果变量的分值变化。

四、结果分析

表 1 列出了描述性统计的结果。课前需求意识、学业兴趣和公益慈善意向的取值都落在 0 到 100 分值之间，只有社会责任的分值是落在 8.8 到 100 之间。课前需求意识、学业兴趣、社会责任和公益慈善意向的平均分值分别是 49.49(标准差为 21.01)、72.31(标准差为 22.44)、72.31(标准差为 20.01)、68.45(标准差为 19.39)。而课后需求意识、学业兴趣、社会责任和公益慈善意向的平均分值分别是 55.23(标准差为 21.12，取值从 1.5 到 100)、65.81(标准差为 20.97，取值为 2 到 100)、74.24(标准差为 19.28，取值为 8 到 100)、70.64(标准差为 17.5，取值为 12.75 到 100)。

从总体上看，参与善识计划课程的学生在需求意识、学业兴趣、社会责任和公益慈善意向等四个方面都有提升(见图 1)。以 0 到 100 的分值来衡量，平均而言，学生对身边的社会问题和相应需求的意识从课前的 49.49 分提高到了课后的 55.23 分，对公益慈善课程的学业兴趣从课前的 60.82 分提高到了 65.81分，对社会责任的感知从课前的 72.31 分提高到了 74.24 分，未来参与公益慈善活动的意向从 68.45 分提高到了 70.64 分。尽管学生在上过善识课程后的平均分值都比课前有提高，但只有在需求意识和学业兴趣两方面，课后的平均分值比课前有显著提高。证实了假设 1 和假设 2。但在社会责任和公益慈善意向方面，课前和课后的分值差异在统计上并不显著(见表 2)。也就是说，分析结果不支持假设 3 和假设 4。另外所有平均意向分值都落在 50 到 75 分区间，没有任何一个方面的意向平均分值超过 75 分，也说明善识课程在提高学生的学习效果方面还有很大的空间。

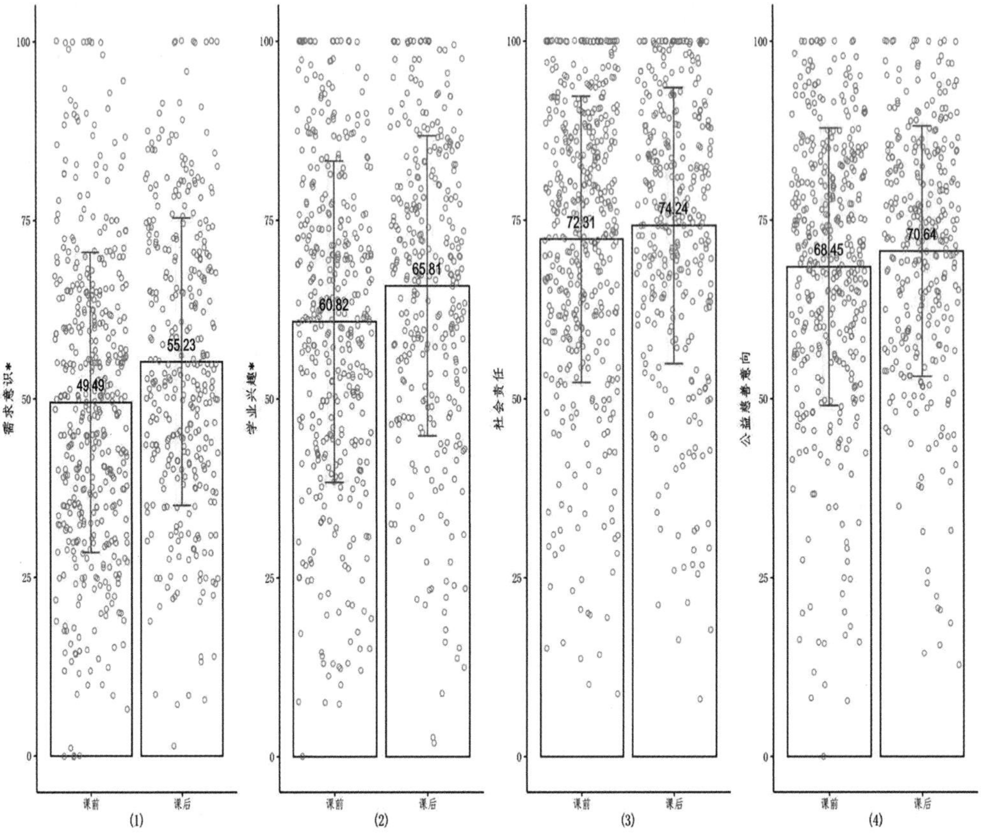

图 1 善识课程的整体效应

注:整体效应衡量学生对社会需求的意识、对公益慈善学习的兴趣、对社会责任的认知以及对未来参与公益慈善活动的意向等四个方面,学生回应不同问题时报告 0～100 的意向分值,100 为最高。图中数字表示学生参与善识计划课堂前后的均值变化。* 表示该项指标分值变化在统计意义上显著(ANOVA t-test,$p<0.05$)。每一个灰色小圆点表示一个学生的打分值,竖线表示标准差。

表 2 善识课程总体效应

	结果变量			
	需求意识	学业兴趣	社会责任	公益慈善意向
	(1)	(2)	(3)	(4)
善识课程	5.73***	5.00***	1.93	2.19
	(1.48)	(1.62)	(1.43)	(1.39)

（续表）

	结果变量			
Constant	49.49***	60.82***	72.31***	68.45***
	(0.98)	(1.08)	(0.94)	(0.93)
Observations	786	733	778	722
R^2	0.02	0.01	0.002	0.003
Note	* $p<0.1$；** $p<0.05$；*** $p<0.01$			

同时，我们将学生对15个问题的回答细分之后，再对比课前课后的变化来看（见图2），除了在“为让世界更美好出一份力”这一项平均意向分值略有下降外（从课前的77.58分下降到了课后的76.80分，但两者的差别在统计意义上不显著），在其余各项上，平均意向分值都有一定程度的提高。尤其是在“了解身边的人及其需求”“了解身边的公益慈善组织”“多选公益慈善课程”“读公益慈善学位”“有兴趣加入其他人或组织去帮助别人”“将来会帮助公益慈善组织募捐”以及“毕业打算找与公益慈善相关的工作”等方面，平均分值提高是统计上显著的（见表3）。

但值得注意的是，从善识计划培养未来公益人才的初衷而言，学生在未来读一个公益慈善学位的平均意向分值课前只有40.11分，课后也仅为47.43分。而学生毕业后打算找与公益慈善相关的工作意向分值课前只有39.20分，而课后也仅有44.81分。在这两项与学业和未来工作意向相关的重要选项上，学生总体的平均意向分值，哪怕在课后也均低于50分。这也许意味着培养未来公益慈善人才的更重大的约束是在课堂之外。宏观和结构性的因素，例如公益慈善行业的薪资水平和居民家庭对未来收入的期望不匹配，或是制约公益慈善行业吸引人才的更重要的因素。

此外，我们文本挖掘了学生对开放性问题的回答，结果可以佐证善识课程整体而言的确对学生产生了积极影响（见图3）。在回应“通过这个学期的学习，请用简单的几句话描述一下你认为与社会问题、非营利组织和公益慈善相关的最重要的议题是什么？”这一问题时，“帮助、解决、问题”是高频词汇，说明学生对非营利组织帮助解决社会问题的认识有所加深。例如WZX同学就提问：“公益组织的活动，怎样保证真实有效解决社会问题？”同时还举出“比如春蕾计划、比如某明星粉丝的公益活动”等例子。又比如ZLZ同学和CYO同学分别提到最重要的议题是“如何做到更有效地帮助别人”和“如何能更切实有

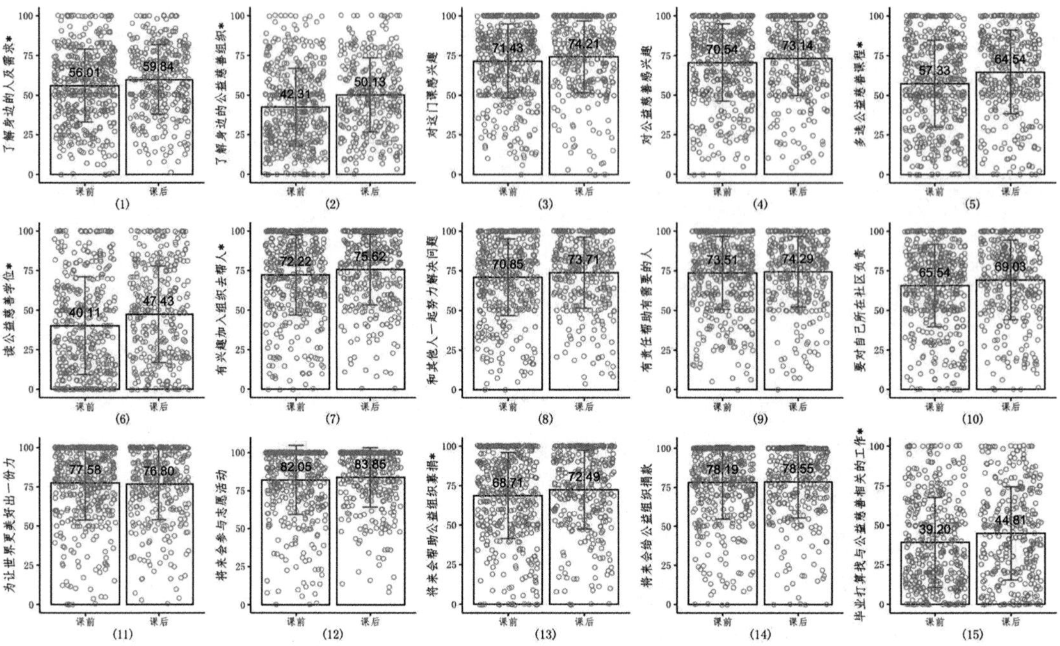

图 2　善识课程的分项效应

注:学生回应不同问题时报告 0 到 100 的意向分值,100 为最高。图中数字表示学生参与善识计划课堂前后的均值变化。* 表示该项指标在统计意义上显著(ANOVA t-test, $p<0.05$)。每一个灰色小圆点表示一个学生的打分值,竖线表示标准差。

效地帮助到需要帮助的人”。关注“有效”问题同样得到了 CPR 同学的响应,其认为:“最重要的议题是成效。老师反复强调的核心便是一个组织是否了解目标受众,自己的方法能否解决想要解决的社会问题,不能犯了制作防止自杀App 的公益 App 的笑话。并且对于一个组织而言,如果实现了组织目标,那么即使组织自身消失也是具有价值的。总之我认为,最重要的议题,就是成效。”

表 3　善识课程分项效应

	结果变量														
	(1)	(2)	(3)	(4)	(5)	(6)	(7)	(8)	(9)	(10)	(11)	(12)	(13)	(14)	(15)
善识课程	3.82 **	7.82 ***	2.78 *	2.60	7.22 ***	7.23 ***	3.41 **	2.86 *	0.78	3.48 *	−0.78	1.79	3.78 **	0.36	5.60 ***
	(1.61)	(1.73)	(1.64)	(1.70)	(1.93)	(2.28)	(1.72)	(1.67)	(1.60)	(1.83)	(1.66)	(1.52)	(1.88)	(1.67)	(2.16)
Constant	56.01 ***	42.31 ***	71.43 ***	70.54 ***	57.33 ***	40.11 ***	72.22 ***	70.85 ***	73.51 ***	65.54 ***	77.58 ***	82.05 ***	68.71 ***	78.19 ***	39.20 ***
	(1.05)	(1.14)	(1.08)	(1.12)	(1.27)	(1.51)	(1.13)	(1.10)	(1.06)	(1.20)	(1.09)	(1.00)	(1.23)	(1.10)	(1.44)
Observations	808	790	809	811	798	738	794	797	805	797	811	803	800	801	727
R^2	0.01	0.03	0.004	0.003	0.02	0.01	0.005	0.004	0.0003	0.005	0.0003	0.002	0.01	0.0001	0.01
Note：	* $p<0.1$；** $p<0.05$；*** $p<0.01$														

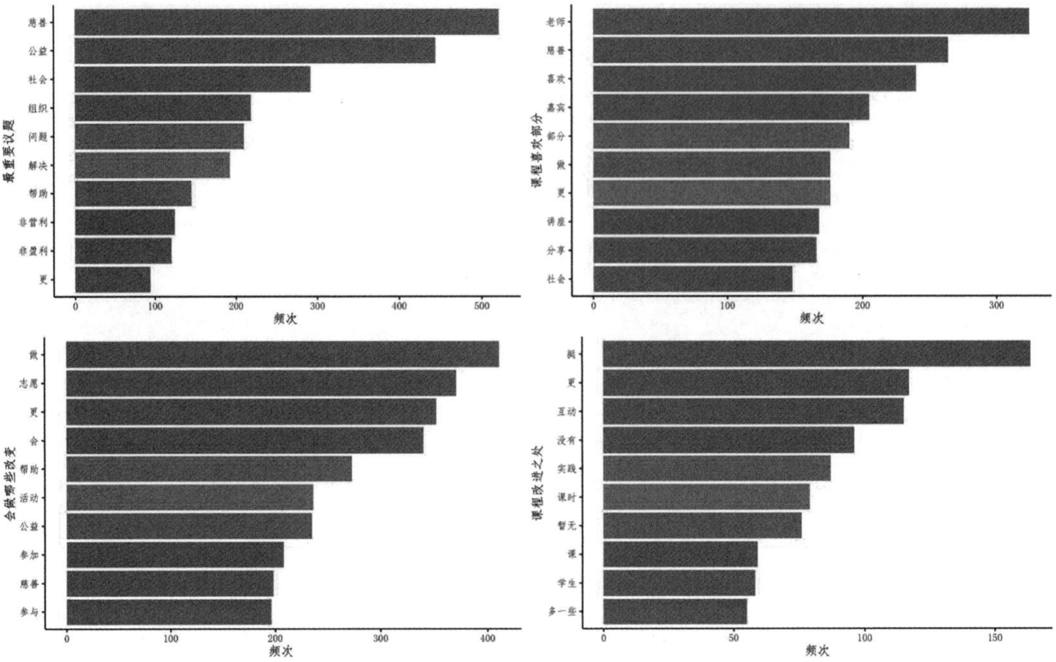

图 3　开放问题回答中的高频词汇

注:高频词汇选取学生对课后问卷中四个开放性问题的回答中出现频次最高的十个词汇。高频词汇依据 JiebaR 中文分词进行区分(Qin and Wu, 2019)。

另外也有同学提到公益慈善组织的透明度问题以及需要相应的监督。例如 NG 同学就指出:“我觉得重要的是当下最突出的社会问题,然后需要急切地解决的,很需要非营利组织和公益慈善来介入,最重要的就是这些组织的财务情况,因为今年有发生过某公益组织内部财政情况不明,堆压捐款物资,内部人员消极怠工,自己享用捐来的物资等等,这种捐款物资的公开透明化很有必要,要让捐款人看到自己的捐款被实际用上了。”而 BD 同学认为最重要的议题是“对募捐程序、资金去向的监督”。BL 同学表示了相同的看法,认为“公益资金的去向与流动披露”是最重要的议题。这从一个侧面体现出对公益慈善组织不是足够信任,这可能也部分解释了何以公益慈善意向分值较低。

在对“通过这个学期的学习,在校园生活或者社区生活方面,你打算做些改变吗?如果是,你会做哪些改变呢?可否简单说明一下?”这一问题的回应中,“做、志愿、帮助、参加、参与”是高频词汇。做志愿者帮助他人,参与公益慈善活动是如何“改变”的重要议题。例如 BG 同学写道:“打算,因为我本来就在参加学校的志愿活动,打算更加投入、付出的更多一些。”而 ND 同学更进一步说:“我希望在之后的学习生活中可以更大程度的参与志愿服务活动,不仅是在学校的学习生活中,也包含在之后的工作生活中。”这与前面定量部分的结论是一致的。

与此同时,另外有同学提到了更加具体的参与公益慈善活动的方向。例如 YJY 同学提道:“在暑假参与线上支教;下学期加入一个志愿组织,尽力对社会有所贡献。”CJK 同学也提到了支教,并说要:“更加广泛地了解我们与乡村孩子的区别,为支教做准备。”ZJH 同学则提到要帮助残疾人和老人:“我将会联系社区进行项目落地规划,为残疾人以及老年人做出帮助。”而 SBT 同学则从专业技能角度出发,提道:“会学好自己的专业知识,提高专业技能,从法律上帮助他人。”

学生们对“关于这门课,你最喜欢哪个部分?为什么呢?”这一问题的回应,“嘉宾、讲座、分享”是高频词汇。具体而言,学生最喜欢的部分主要集中在讲座嘉宾带来的具体案例分析上。共计有 20 名学生提到了最喜欢的部分是嘉宾讲座。例如 YQH 同学提道:“讲座,帮助我开阔了眼界,了解了更多关于慈善的知识。”DD 同学最喜欢“对案例的讨论部分,听其他人的想法让我自己的观点有吸收,更清晰”。HX 同学也表示最喜欢“听成功的社会企业家讲述他们的故事。这给我很大激励和启发”。

同时老师们自身从事慈善公益的经历也是学生的心头好。例如 ZLZ 同学提道:“喜欢老师讲一些事例,比较可以身历其境。”这一点 ZJY 同学也感同身受:“老师讲经历和故事,代入感比较强。”BLL 也“喜欢老师讲的帮助别人的案例”。CYO 同样有共鸣:“老师分享他们做的慈善事业和一些故事。”特别是对于未接触过公益慈善活动的学生来说,如果没有相关的实践活动,那么通过具体案例也能多多少少有一些间接的感受。这与学生们对理论联系实际的需求其实是联系在一起的。例如 QHY 同学就指出“课下实践,实践带来的体会更深刻”。也从侧面揭示了让学生获得一手经验的重要性。

这与学生们对“关于这门课,你觉得有哪些部分需要改进呢?”这个问题的回答相互对应。在学生对此的回应中,“多一些、互动、实践”是高频词汇。例如在课前问卷中,279 名学生回答了“请问你对这门课有什么期待?通过这门课,你最想学到什么?”绝大部分学生希望了解一般性与公益慈善相关的内容,其中有 30 名学生特别提到想知道更多与(社会)创新(公益)创业相关的内容。

在课后回答“关于这门课,你觉得有哪些部分需要改进呢?”这一问题时,共有12名学生提到需要更多实践相关的内容。例如ZJW同学言简意赅:“多些实践。”FJY同学也明确指出:“请增加实务方面的练习。”这得到了LJR同学的共鸣:“需要多一些实地考察活动。”WC同学不无感慨地提道:“如果能安排接触一些慈善组织的活动就好了。”

还有同学提出了体验式慈善的想法,例如NH同学提道:“准备一些资金用于开展大家一致认为可行的项目。”无独有偶,NY同学也提道:“我觉得可以更加实践,要是有资金支持我们的项目就好了。”所以善识课程在社会责任和公益慈善意向方面的整体效应不显著,最主要原因可能是理论联系实际不足,学生没有获得可以付诸实践的技能和知识。这个结果与之前的定量分析结果相一致,也就是说善识课程通过传统的课堂传授方式,虽然能显著提高需求意识和学业兴趣,但对更趋行为导向的社会责任感和公益慈善意向的影响却并不显著。这也表明在下一个阶段引入“体验式慈善”来进一步考察“善识课程”的效果是很有必要的。

五、结论与讨论

本文以善识计划一期课程为例,运用混合研究方法分析了公益慈善通识教育是否能提升四个方面的学习效果:需求意识、学业兴趣、社会责任和公益慈善意向。本文分析结果显示学校和学生通过公益慈善通识教育在整体上更好合供了学习效果。总体而言,从四个方面的学习结果来看,参与善识计划课程的学生们的平均分值课后都比课前有了提高。但尽管公益慈善通识教育显著提升了学生的需求意识和学业兴趣,但在提升社会责任和公益慈善意向方面的效果却不显著。通过文本挖掘学生对开放问题的回应,一个可能的解释是采用传统传授方式的通识教育“理论联系实际”不够,学生们非常关心实践,他们认为要从课程内容设置、教学方法等方面做一些调整,适当引入更多实践性内容。而缺乏实践性内容也导致学生没有足够的一手实践经验来获取必要的默会知识,所以未能显著提升学生的履行社会责任和参与公益慈善的意向。而提升学生履行社会责任和参与公益慈善的意向是公益慈善通识教育的一个重要目标,是以通识教育虽然有用,但还不够。另外值得注意的是,所有四方面的平均分值都不高,没有任何一个方面超过75分,意味着还有很大的提升空间。

本文的局限首先在于未能直接对比传统课堂和体验式慈善课堂在提升学习效果之间的差异。之前有研究表明体验式慈善在中国能有效提升学习效果(Li et al., 2020),本文则仅仅聚焦在验证传统课堂传授公益慈善通识是否也有类似效果。尽管我们发现通识课程也有一定的积极作用,但没有办法直接对比体验式慈善课程的效果。如果要使课程达到更大的效果,需要从课程内容设置和课堂教学方法等作出调整,引入更多实践内容,可以在课堂上引入有针对性的服务学习。例如体验式慈善提倡“捐中学(learning by giving)”能让学生有一手经验,不仅能提高学生学业成绩,还能提高他们对社会问题的关注和未来参与公益慈善活动的意向。当然两种不同的课程各有利弊,体验式慈善课程能带给学生一手经验,学生通过个人经验习得默会知识最终有助于提高行为意向方面的分值,例如未来捐赠意向。但体验式慈善课程的缺点也是显而易见的,需要有额外的能让学生决定支配给哪一个非营利组织的资金支持,成本高昂。未来在条件允许的情况下,可以考虑采用实地实验(field experiment)来随机选择两种课程,一种采用传统传授方式,另一种采用体验式慈善方式,之后再来直接对比两种课程的效果是不是有显著差异。

还值得说明的是,本研究主要关心善识计划课程是否在整体上改善了学生的学习成果,使学生在上完善识计划相关课程后增进对社会问题和非营利组织的认识,提高了自己在学校的学业表现,增强了自己的社会责任感,以及是否更加乐意在未来参与公益慈善活动等。因此本研究未能探讨善识计划课程对不同性别、年龄、家庭经济条件的学生的影响,也未能探讨课程对有不同心理动机、信息偏好、自我认知的学生的影响。未来应当探讨善识课程对有不同特征的学生的影响是否不一,以便更好地因材施教,使公益慈善通识课程更加有效。

还有另外一个问题是自选择问题。目前参与善识一期课程的学生或多或少都与公益慈善相关,比如社会学、社会工作,或者是公共管理,未能看到通识课程对其他学科学生的影响。因为如果学生本来就是公共管理的、社工的,或者是非营利相关的专业,就意味着其可能本来就对这个感兴趣或有所了解,通识教育的效果就不那么大。当然,也可能是因为学生是亲社会性的专业,自身已经有些知识,通识教育反而能加强学习效果,对这些亲社会专业的帮助要远远大于其他专业。但我们并不知道,因为我们只看了与非营利相关的专业,并没有看体验式慈善对其他专业例如自然科学专业学生的影响。未来应扩大规模,将非亲社会专业的学生也纳入进来。

另外,目前本文只是研究了学生在课前和课后的差异,未能考虑课程的长期效果。学生在课程刚刚结束的时候填写课后问卷,对课程内容大致还是熟悉的,这会影响他们的回答。但在课程结束一年甚至几年后,是否还有类似效果呢? 这是未来需要追踪调查才能回答的问题。

最后,让我们以BH同学的感言结束这篇文章。BH同学在课前表示:"我现在处于一种渴望帮助他人、投身公益但似乎心有余而力不足的状态;或者说,我时常有一种自私与利他之间的矛盾感,不知道该如何取舍。在纠结之时,我往往会选择那个更为'自私'的选择,并以'今日的自私是为了以后更好地利他'来进行自我安慰。这让我觉得自己非常虚伪。因此,我想要克服这一类的心理,对自我与利他之间的关系有更理性化的把握。"但在课后,BH同学决定作出改变,明确表示要"参与一个公益类社团,定期参与慈善组织的募捐等"。

唯有如此改变,育人为善可期。

参考文献

敦和基金会,2019. 敦和·善识计划[EB/OL]. http://www.dunhefoundation.org/Funded1/Charity/371.html.

季羡林,2006. 季羡林谈人生[M]. 北京:当代中国出版社:124.

蓝煜新,马倩雯,李可嘉,2019. 中国公益慈善学历教育发展报告[R]. 北京:清华大学公益慈善研究院,明德公益研究中心,敦和基金会:1-2.

李健,2017. 公益慈善人才学历教育发展路径研究[J]. 学会(6):19-22.

石国亮,2015. 慈善文化进学校:意义、挑战与路线图[J]. 长白学刊(2):132-139.

田园,2021. 我国公益慈善学历教育人才培养发展与建设研究[J]. 社会福利(理论版)(5):58-63.

杨志伟,2016. 公益慈善管理专业本科课程体系研究[C]. 王名主编.中国非营利评论(第十七卷). 北京:社会科学文献出版社:14-29.

杨志伟,2016. 公益慈善领域专业人才培养的模式及展望[J]. 中国社会组织(4):40-41.

AHMED S, OLBERDING J, 2007. Can student philanthropy help to address the current nonprofit identity crisis? A case study of a multiyear, multidisciplinary project at Northern Kentucky University [J]. Journal of Public Affairs Education, 13 (3/4): 593-615.

ALON-BARKAT S, 2020. Can government public communications elicit undue trust?

Exploring the interaction between symbols and substantive information in communications [J]. Journal of Public Administration Research and Theory, 30 (1): 77 - 95.

ASTIN A, VOGELGESANG L J, IKEDAk E, YEE J A, 2000. How service learning affects students [R]. UCLA: Higher Education Research Institute.

BENZ T A, PISKULICH J P, KIM S , et al, 2020. Student philanthropy and community engagement: a program evaluation [J]. Innovative Higher Education, 45(1):17 - 33.

BRANDSEN T, HONINGH M, 2016. Distinguishing different types of coproduction: a conceptual analysis based on the classical definitions [J]. Public Administration Review, 76(3): 427 - 435.

BUCHMANN M, SCHWILLE J, 1983. Education: the overcoming of experience [J]. American Journal of Education, 92(1): 30 - 51.

CLAYTON P, BRINGLE R, HATCHER J, 2013. Research on service learning: conceptual frameworks and assessment [M]. Virginia: Stylus Publishing, LLC.

DEWEY J, 1916. Democracy and education: an introduction to the philosophy of education [R]. Macmillan.

DEWEY J, 1986. Experience and education [J]. The Educational Forum, 50 (3): 241 - 252.

HARRISON T R, MORGAN S E, CORCIA M J D, 2008. Effects of information, education, and communication training about organ donation for gatekeepers: clerks at the department of motor vehicles and organ donor registries [J]. Progress in Transplantation, 18(4): 301 - 309.

HUFFMAN W E, 1974 Decision making: the role of education [J]. American Journal of Agricultural Economics, 56(1):85 - 97.

JAKOBSEN M, 2012. Can government initiatives increase citizen coproduction? Results of a randomized field experiment [J]. Journal of Public Administration Research and Theory, 23(1): 27 - 54.

LEARNING BY GIVING FOUNDATION (n.d.). Learning by giving foundation—About Us. learning by giving foundation [OL]. Retrieved July 20, 2021, from https://learningbygivingfoundation.org/pages/about-us.

LI H, 2017. Information and donations: a study of nonprofit online communication [D]. Rutgers University.

LI H, 2020a. Communication for coproduction: a systematic review and research agenda [J]. Journal of Chinese Governance, 5(1): 110 - 135.

LI H, 2020b. Communication for coproduction: increasing information credibility to fight the coronavirus [J]. American Review of Public Administration, 50(6/7): 692-697.

LI H, MCDOUGLE L, GUPTA A, 2020. Experiential philanthropy in China [J]. Journal of Public Affairs Education, 26(2): 205-227.

LI H, XU C, MCDOUGLE L M, 2019. Philanthropy can be learned: a qualitative study of student experiences in experiential philanthropy courses [J]. Philanthropy & Education, 2(2): 29-52.

MCDOUGLE L, MCDONALD D, LI H, et al, 2017. Can philanthropy be taught? [J]. Nonprofit and Voluntary Sector Quarterly, 2017, 46(2): 330-351.

OLBERDING J C, 2012. Does student philanthropy work? A study of long-term effects of the "learning by giving" approach [J]. Innovative Higher Education, 37(2): 71-87.

OSTROM E, 1996. Crossing the great divide: coproduction, synergy, and development [J]. World Development, 24(6):1073-1087.

PRESSLEY M, BORKWSKI J G, SCHNEIDER W, 1989. Good information processing: What it is and how education can promote it [J]. International Journal of Educational Research, 13(8): 857-867.

QIN Wenfeng, WU Yanyi, 2019. JiebaR (0.11) [CP]. https://cran.r-project.org/web/packages/jiebaR/jiebaR.pdf.

XU C, LI H, MCDOUGLE L M, 2018. Experiential Philanthropy [C]// FARAZMAND A, Global Encyclopedia of Public Administration, Public Policy, and Governance. Springer International Publishing: 1-7.

Educating People for Good

—A Mixed Methods Study of the "Charity Knowledge Program"

Li Huafang　Li Jian

Abstract: As one of the important ways to promote charity culture, philanthropy education is gaining increasing attention. This mixed-method study compared students' learning outcomes before and after participating in a "Charity Knowledge Program" course. The study explored the effectiveness of the general education of philanthropy by analyzing quantitative survey data and qualitative data of students' responses to open-ended questions. The findings showed that the "Charity Knowledge

Program" significantly increased average scores of students' social need awareness and academic interests; however, it had no significant effects on the scores of students' social responsibility commitment and future philanthropic activity intentions.

Key words: charity education; general knowledge education; mixed methods research; philanthropy; coproduction

深度不确定性条件下地方政府消费券扩散

任　皓*

摘　要：为了应对新冠肺炎疫情对于消费与内需的巨大冲击，众多地方政府发行了政府消费券。利用离散时间事件史研究方法，本文从政策扩散的角度探究了在新冠肺炎疫情造成的深度不确定性条件下影响地方政府采纳与出台政府消费券的因素。本文发现：第一，现实治理问题是影响政府消费券扩散的事件性因素，经济增长受新冠肺炎疫情影响更严重的城市，更有可能发行政府消费券政策；第二，各地长期经济发展水平与财政承受能力是影响政府消费券扩散的重要内部因素；第三，地方政府间的政策模仿会促进政府消费券的横向扩散；第四，上级政府的政策引导对地方政府采纳政府消费券具有显著效应。与此同时，本文也发现以上不同影响机制在东部地区与中西部地区具有异质性。本文拓展了在深度不确定性条件下关于政策扩散机制的认识，对于理解统筹疫情防控与经济社会发展过程中不同层级政府的行为逻辑具有启发意义。

关键词：新冠肺炎疫情；深度不确定性；政府消费券；政策扩散

一、研究背景与研究问题

新冠肺炎疫情的突然暴发与迅速蔓延给我国经济社会发展增添了巨大的

---

* 任皓（1991—），男，管理学博士，湖南大学公共管理学院助理教授，研究方向为公共政策与地方政府行为，E-mail：renhao2020@hnu.edu.cn，邮编 410082。作者感谢湖南省自然科学基金青年项目（2021JJ40134）、湖南大学中央高校基本科研业务费（531118010506）以及湖南省社会科学成果评审委员会课题（XSP21YBZ036）对本研究的资助。

不确定性。国家统计局数据显示，2020 年第一季度国内生产总值同比下降6.8%，社会消费品零售总额同比下降 19%，最终消费支出下降导致国内生产总值下降达到 4.35%。为了应对新冠肺炎疫情造成的消费需求不足问题，在2 月21 日召开的中央政治局会议上，习近平总书记提出了“扩大有效需求、促进消费回补和潜力释放”的要求。随着我国疫情防控形势逐渐好转，各地方政府普遍出台了多种形式的消费刺激政策，其中消费券成为众多地方政府的共同选择。

2 月 26 日，安徽省文化和旅游厅出台《关于恢复文化和旅游产业活力激发市场消费潜力的若干措施》，提出“因地制宜推出文旅消费券、惠民卡等措施，释放消费潜力”要求，成为首个出台消费券政策的省级政府职能部门。3 月 6 日，辽宁省委省政府以“辽宁省新型冠状病毒感染的肺炎疫情防控指挥部”名义发布《辽宁省支持文化和旅游企业共渡难关若干政策措施》，提出“鼓励向大众发放惠民文化和旅游消费券”的举措，成为首个以省委省政府名义出台鼓励发行消费券政策的省份。截至 5 月 31 日，已有 21 个省、市、自治区相继出台了与消费券有关的政策文件，见附件 1。

消费券政策文件的密集出台反映出各省对于发行消费券的普遍重视与积极探索。从各省政策文本内容可知，省级政府主要通过发布政策文件的形式鼓励本省各城市结合自身实际情况发行消费券。仅有贵州省、广西壮族自治区与黑龙江省以省人民政府的名义直接发行了政府消费券①。

与省级政府主要通过政策文件的形式鼓励地方政府进行消费券政策创新不同，市级政府是消费券发放的主体②。3 月 1 日，湖州市人民政府宣布发放价值 1.98 亿元的旅游消费券，成为第一个发放政府消费券的地级市。虽然全国范围内多地地方政府都发行了消费券，但各地消费券的发放并没有统一标准。为了研究对象的统一性，本文参考财政部 2009 年出台的《关于规范地方政府消费券发放使用管理的指导意见》，将各地消费券公开报道中明确提及

① 部分省份的政府职能部门也组织发行了消费券，截至 5 月 31 日：江苏省体育局与河北省体育局分别在全省发行了 5 000 万与 1 500 万体育消费券，浙江省文旅厅宣布发行总价达 10 亿元的文旅消费券和 1 亿元的文旅消费大红包，江西省商务厅和文旅厅分别发放了价值 2 000 元的餐饮消费券与文旅消费券，海南省商务厅通过“消费一码通”发放 3 000 万元优惠券。一些省份总工会也发行了职工福利消费券，截至 5 月 31 日，共有湖南省总工会、湖北省总工会、内蒙古自治区总工会、山西省总工会、西藏自治区总工会、甘肃省总工会发行了职工福利消费券。

② 也有部分城市虽然市政府并未统一组织发行消费券，但是各区县发放了消费券，例如深圳市。

“地方政府主办”或“财政资金支持”的消费券定义为“地方政府消费券”①(具体定义见附件2)。

从2020年3月1日至2020年5月31日,共有127个城市宣布发行了本文所定义的政府消费券,累计公布金额②达到136亿元(见图1)。不难发现,在全国范围内,地方政府消费券作为一项应对新冠肺炎疫情所造成的居民消费不足的创新型政策,在短时间内呈现了爆发式扩散。地方政府消费券呈现从东部经济发达地区逐渐向中西部地区扩散的地理特征,此特征符合我国政策扩散过程中东部发达地区创新、中西部欠发达地区跟进的典型特点(杨志、魏姝,2020)。消费券金额也大致呈现出东部发达地区高于中西部地区。

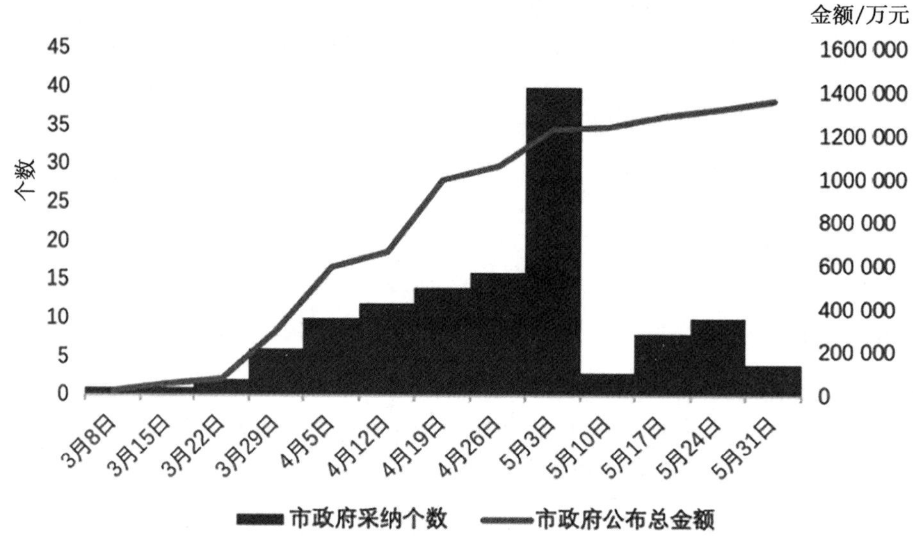

图1　地方政府消费券发行情况

注:数据来源为作者根据各地方政府公开报道收集。

总结来看,“地方政府消费券”是一项少有的短时间内在全国范围内呈现

① 由于地方政府消费券没有统一规定,也造成了舆论对于消费券政策的认识混乱。例如4月15日,湖北省武汉市商务局在其网站公布,“武汉市第一批2 000万元的惠民消费券开始发放。消费券是在人民银行武汉分行指导下,武汉市商务局联合中国银联湖北分公司,组织各商业银行开展的惠民消费活动”,但是4月16日武汉市商务局就紧急公告,“4月15日,在云闪付App上投放的惠民消费券不属于政府即将投放的消费券”。这表明并非市政府职能部门发行的消费券就是政府消费券。

② 此金额系消费券发放公告中宣布发放金额,不等于实际发放金额,也不等于地方财政投入资金。由于一些城市并未公布财政投入具体金额,故财政投入资金无法统计。

爆发式扩散的政策创新，特别是考虑到新冠肺炎疫情所造成的地方政府决策环境的深度不确定性（王绍光，2020；Collier et al.，2020），“地方政府消费券”为我们检验深度不确定性条件下影响政策爆发式扩散机制提供了难得的政策样本。由此，本文从政策扩散理论出发，尝试回答如下两个研究问题：在深度不确定性条件下，影响政府消费券爆发式扩散的影响因素有哪些？与非深度不确定性决策条件相比，以上影响机制表现出何种差异性？

二、文献综述与研究假设

影响政府决策的内部与外部因素会对政策扩散产生影响（Berry and Berry，1990；Walker，2014；Zhu 2014）。就内部因素而言，Berry and Berry（1990）首先提出政治、经济和社会特征是影响政策扩散的内部决定因素。Ma（2014）关于“政务微博”扩散的研究，朱旭峰、张友浪（2015）关于“行政审批中心”扩散研究以及李智超（2019）关于“智慧城市试点”扩散的研究都不同程度验证了财政健康程度、经济发展水平等内部因素会显著影响我国地方政府采纳创新型政策的意愿。就外部因素而言，基于政府间关系视角，学者多关注于以创新型政策在同级政府间的横向扩散机制（Berry and Berry，1990）以及在上下级政府间的纵向扩散机制（Allen et al.，2004）。首先，由于晋升锦标赛（周黎安，2007）的存在，我国各地间不仅会出现产业结构趋同（白重恩等，2004；张平、李世祥，2007），也会呈现一定程度的政策趋同（Chien，2008；王浦劬、赖先进，2013），表明基于竞争效应的横向扩散机制是解释我国政策扩散的关键变量（Ma，2014；林雪霏，2015；Huang et al.，2019）。另一方面，考虑到我国自上而下的政治体制（Huang，1996），纵向政策吸纳也是影响我国地方政府间创新型政策扩散的重要机制（Zhu，2014），其中，来自上级政府的行政命令（朱旭峰、赵慧，2016）与“项目制”的实行（陈思丞，2020）都会增加地方政府采纳创新型政策的概率。除此以外，在考虑内部因素与外部因素的基础上，地方官员个人特质如受教育程度、年龄、任职年限，以及地方官员间的横向流动也是影响我国地方政府政策扩散的重要原因（吴建南等，2014；朱旭峰、张友浪，2015；张克，2015；朱亚鹏、丁淑娟，2016；Yi et al.，2018）。

以上研究逐步揭开了我国地方政府政策扩散黑箱，但是普遍关注于公共政策在一个相对较长时间段内渐进式的扩散，缺乏对于公共政策在短时间内爆发式扩散的分析。杨志、魏姝(2020)提出公共政策在短时间内的爆发式扩散是当前我国政策扩散过程的新特征。与渐进式政策扩散不同,事件性因素是影响政策爆发的重要因素,正如陈朋(2016)指出"摆在地方政府面前的现实治理难题是地方政府创新实践的催化剂",表明由于事件性因素所导致的地方政府注意力聚集对于不同地区的地方政府采纳相近的政策起到了重要的助推作用。由于当前研究普遍忽视了爆发式政策扩散,由此也较少有对于事件性因素影响地方政府政策扩散的地量检验。

更进一步,虽然政策扩散是多重因素综合作用的结果(Shipan and Volden, 2008; Zhang and Zhu, 2019),但是这不必然表示不同政策的扩散都遵循相同的影响机制;也不必然表示对于任何公共政策,所有扩散机制都会产生相似的影响效应。地方政府决策环境的变化会显著影响政策扩散机制(Shipan and Volden, 2012; Karch and Cravens, 2014; 杨志、魏姝,2020)。

根据不确定性的程度,Walker et al(2003)将政府的决策环境划分为三类:确定性条件、一般不确定性条件和深度不确定性条件。在现实生活中,政府决策者一般面对的是一般不确定性决策环境(王绍光,2020),较少处理深度不确定性条件下的决策问题。

与一般不确定性相比,深度不确定性的最重要特征是未知因素的不可知性(unknown unknowns)(Jarvis,2011;Nair and Howlett, 2017),表现为政府决策者面对深度不确定性条件,一方面不具有对于最优政策选择的理性判断,另一方面也不具有对于政策结果的科学预期。在确定性与一般不确定性的决策环境中,政策创新扩散本质上是地方政府一种"规避不确定性"的机制(林雪霏,2015),但是由于未知因素的不可知性,在深度不确定性条件下,相比于"规避不确定性"机制,政策创新扩散不仅更可能受到事件性因素冲击的影响(Karch and Cravens, 2014),同时内部机制与外部机制也有可能产生差异化的影响。

总结来看,传统政策扩散理论更多关注于渐进式政策扩散过程,从内部因素与外部因素的角度探究地方政府政策扩散机制的影响,一方面忽视了事件性因素对于公共政策爆发式扩散的影响,另一方面也忽视了政府决策环境变化对于不同政策扩散机制的差异化影响。由此,本文在考虑由于新冠肺炎疫情造成的地方政府决策环境深度不确定性的条件下,从事件性因素、内部因素、外部因素三个方面探究影响政府消费券爆发式扩散的原因,并提出如下研究假设。

（一）事件性因素

由于事件性因素造成的本地决策环境的变化会吸引地方政府的政策注意力，进而影响地方政府对于创新政策的采纳。就本文而言，新冠肺炎疫情对于各地经济社会发展都造成了深度不确定性，经济增长受新冠肺炎疫情影响更为严重的地区，更有出台应急性经济政策的急迫性，地方政府也必然将更大的注意力聚焦于消费券政策。由此本文提出如下研究假设：

假设1：经济增长受到新冠肺炎疫情影响更大的地区，将更有可能采纳与出台政府消费券。

（二）内部因素

在深度不确定性条件下，虽然事件性因素会影响地方政府注意力的分配，创新型政策的出台也会受到各地内部因素的影响，这是因为内部因素反映了各地长期经济社会发展的基本面，既是地方政府执政能力的体现，也是地方政府应对深度不确定性的能力基础。2020年3月18日，国家发改委就业收入分配和消费司司长哈增友在国务院联防联控机制回应公众对消费券关切时强调，各地发行消费券要结合自身经济发展实际，同时也要考虑到自身财政承受能力①。表明经济发展程度与财政承受能力是衡量各地内部因素的重要指标，经济发展状况更好、财政承受能力越强的地区，一方面反映出地方政府较强的行政能力，另一方面也反映出地方政府具有较强的风险应对能力。一系列关于中国的研究也发现，地方经济发展程度与财政健康状况对于政策扩散具有显著影响（朱旭峰、赵慧，2016；Zhang and Zhu，2019；陈思丞，2020），特别是林毅夫等（2020）也强调一些城市不发行消费券的主要原因是财力不足。由此本文提出如下研究假设：

假设2：经济发展状况越好的地区，将更有可能采纳与出台政府消费券。

假设3：财政承受能力更强的地区，将更有可能采纳与出台政府消费券。

（三）外部因素

政府消费券扩散兼具横向扩散与纵向扩散特征。

首先，无论是消费券政策文件在省级政府间的密集出台还是政府消费券在地级市政府间的爆发式扩散都表明了政策模仿效应的存在。考虑到地方政府面临的由于新冠肺炎疫情造成的深度不确定性条件，政策模仿也成为地方

---

① 中国政府网：国务院联防联控机制权威发布[R/OL].（2020-3-18）. http://www.gov.cn/xinwen/gwylflkjz128/index.htm.

政府的现实选择。同时,考虑到地方政府间竞争性,在深度不确定性条件下,能否出台创新型政策本身也成为地方政府官员能力的体现。以上分析表明横向扩散机制会对政府消费券扩散产生影响,参考当前文献关于横向扩散机制变量设计,本文提出如下研究假设:

假设 4:同一省份采纳与出台政府消费券的城市越多,未发行政府消费券的城市越有可能采纳与出台政府消费券。

其次,从政府消费券扩散过程中的省市两级政府互动来看,存在典型的来自上级政府支持的纵向扩散特征。虽然纵向政策吸纳会显著影响公共政策扩散(Zhu, 2014;朱旭峰、赵慧,2016;陈思丞,2020),但是 Ma(2014)关于"政务微博"、马亮(2015)关于"公共自行车"以及 Huang et al(2019)关于"土地增加挂钩"政策扩散的研究也都发现上级政府支持并不一定显著影响创新型政策的扩散。表明对于非基于行政命令的"强制性扩散"而言,在一般不确定性条件下,地方政府具有事实上的决策主动权,上级政府政策引导并不必然具有显著效应。但是,就本文而言,考虑到新冠肺炎疫情造成的深度不确定性的决策环境,地方政府在缺乏有效信息的条件下,虽然上级政府将政府消费券发行的决策权下放给了地方政府,但是上级政府的政策引导一方面降低了地方政府的决策难度,同时也增加了创新型政策出台的合法性,由此本文提出如下研究假设:

假设 5:若所在省级政府出台了鼓励地方政府发行消费券的政策文件,未发行政府消费券的城市更有可能采纳与出台政府消费券。

三、研究设计

(一)实证模型

事件史分析(Event History Analysis, EHA),包括离散时间事件史分析与连续时间事件史分析,是当前政策扩散研究的主流研究方法(Marsh et al., 2009)。判别采用离散时间模型与连续时间模型的原则为是否存在明确的事件发生时间(Mills and Melinda, 2011):如果事件发生具有确定日期,则应该使用连续时间模型;否则,如果只知道事件是在一段时间内发生,并不知道具体发生日期,则使用离散时间模型更为有效。

就本文而言,地方政府从决定采纳政府消费券到政府消费券发行结束总共经历四个时间节点：政策采纳（A）、政策公布（B）、消费券发行（C）、发行结束（D）。对于尚未采纳政策的地方政府而言，当其在时间点 A 决议采纳政府消费券，事实上已经完成了消费券政策在不同城市之间的扩散。但是，由于无法获得完整的地方政府决策记录，我们并不能准确观测到所有地方政府的政策采纳日期，可观测信息只有地方政府政策公布日期与消费券发行日期（见图 2）[①]。由于 A、B、C 日期一般存在差异[②]，不应直接使用 B 或者 C 日期表征 A 日期。基于以上原因，虽然我们知道政策公布日期 B 和消费券发行日期 C，但是因为政策采纳日期 A 不可观测，因此不具备使用连续时间事件史分析的条件。

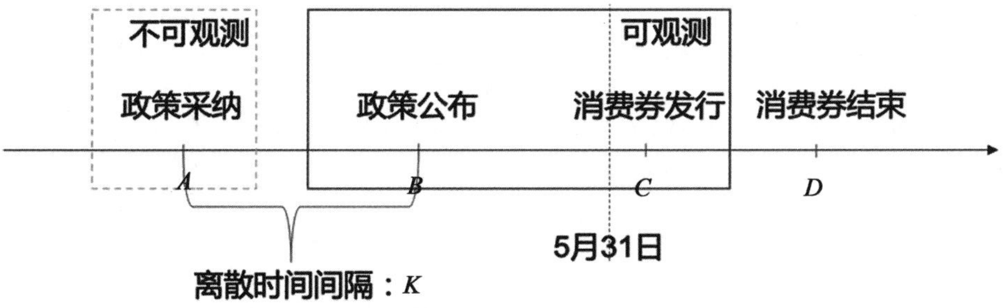

图 2　政府消费券政策采纳典型过程示意图

为了尽可能模拟真实的地方政府决策过程，本文假设从政策采纳到政策公布之间存在一个离散时间间隔 k，即 $B\text{-}k \ll A \ll B$。当然，对于不同城市而言，时间间隔 k 本身也是具有异质性的不可观测变量。此假设的目的在于将连续时间划分为离散时间间隔，便于使用离散时间模型。本文样本观测周期

① 发行结束日期（D）在一些城市不可观测，主要原因为：一些城市消费券发行结束日期晚于 5 月 31 日。

② 以河北省秦皇岛市与内蒙古自治区乌海市为例。据公开报道，2020 年 3 月 28 日，秦皇岛市市长张瑞书主持召开市长办公会议，就在全市餐饮企业中开展促消费活动有关事宜进行了专题研究，此时间可以认为是政策采纳时间（A）。4 月 9 日市政府召开新闻发布会，宣布将于 4 月 10 发放餐饮消费券，4 月 9 日可以认为是政策公布时间（B），4 月 10 日是消费券发行时间（C）。内蒙古自治区乌海市新型冠状病毒感染肺炎防控工作指挥部 4 月 1 日向全市各区新型冠状病毒肺炎防控工作指挥部印发了《应对疫情影响消费券发放工作方案》，此时间可认为是政策采纳时间（A），并于 4 月 10 日发布《乌海市电子消费券领取和使用须知》，宣布将于 4 月 15 日发行政府消费券，4 月 10 日可以认为是政策公布时间（B），4 月 15 日是消费券发行时间（C）。

的范围是 3 月 1 日≪B≪5 月 31 日[①]。

基于以上分析，结合本文研究假设，本文采用如下 logit 形式的离散时间事件史模型：

$$\begin{aligned}
\mathrm{logit}(p_{it}) &= \log\left(\frac{p_{it}}{1-p_{it}}\right) = \\
&\alpha_0 + \underbrace{\alpha_1 GDP_{2020Q1}}_{\text{事件性因素}} + \\
&\underbrace{\alpha_2 \log(GDPper\ capita2019)_i + \alpha_3 \log(revenue)_i}_{\text{内部因素}} + \underbrace{\alpha_4 Neighbor_{it}}_{\text{横向扩散}} + \\
&\underbrace{\alpha_5 Encourage_{it}}_{\text{纵向扩散}} + \underbrace{\alpha_6 density_{it} + \alpha_7 New_{14it} + \alpha_8 Degree_{it}}_{\text{疫情因素}} + \\
&\underbrace{\alpha_9 Age_55_{it} + \alpha_{10} Age_{it} + \alpha_{11} Tenure_{it} + \alpha_{12} Tenure^2{}_{it} + \alpha_{13} Gender_{it} + \alpha_{14} Edu_{it}}_{\text{官员因素}} + \\
&\underbrace{\alpha_{15} \log(population)_i + \alpha_{16} \log(retail)_i + \alpha_{17} \log(service)_i}_{\text{城市控制变量}} + \alpha_{18} Wuyi_{it} + \\
&\alpha_{19} Spline_{it} + \varepsilon_{it}
\end{aligned}$$

p_{it} 是被解释变量的风险率(hazard rate)，表示城市 i 在时间 t 内采纳政府消费券的概率，当城市 i 在时间 t 内采纳了政府消费券，则 $p_{it}=1$，否则 $p_{it}=0$。为了表征地方政府决策的及时性，本文选择时间间隔 k 为一周。在样本周期内，$t \in (0,1,\cdots,13)$，其中 $t=0$ 表示 3 月 1 日，$t=1$ 表示 3 月 2 日至 3 月 8 日，以此类推。

本模型在综合考虑了影响政策扩散的事件性因素、内部因素、外部因素(包括横向扩散与纵向扩散)的基础上，也同时通知了新冠肺炎疫情的控制变量、官员因素以及城市层面控制变量。

为了控制时间异质性，本文增加了两类时间控制变量：$Wuyi_{it} = \begin{cases}1, i=8\\0, else\end{cases}$ 表示五一假期之前的一周，这是因为五一假期作为消费旺季，各地方政府更倾向于在这一时期推出政府消费券以刺激消费；参照朱旭峰、张友浪

---

① 即使地方政府消费券发行是在 5 月 31 日之后，只要公布日期是在 5 月 31 日之前，也计入本文样本范围。例如，河北省廊坊市政府 5 月 19 日发布“廊坊市 2020 年度‘促消费、惠民生’系列活动即将拉开帷幕”的公告，宣布将于 6 月 1 日发行政府消费券。一些城市也发布过政府采纳消费券政策的信息，但是由于没有公布具体何时发放，本文不认为这些地方政府采纳了政府消费券政策，例如内蒙古自治区阿拉善盟 4 月 14 日印发《阿拉善盟促进旅游消费意见(试行)》，提出鼓励发行旅游消费卡券，但是此后并未发布消费券具体信息。

(2015)的研究增加三次样条 $Spline_{it}$ 控制时间平滑性。

（二）数据与变量

1. 样本选取

本文使用不包括西藏自治区和湖北省的地级市(包括副省级城市)层面数据。主要考虑是:第一,西藏自治区数据不完整性[①];第二,湖北省 2020 年第一季度经济增长率为－39.2%[②],远超全国平均水平,统计偏差较大。同时考虑到个别地级市未公布 2020 年第一季度经济数据,最终本文选取 297 个城市作为分析样本,构建城市—周观测数据。

2. 变量选取

1）事件性因素

本文使用各市 2020 年第一季度经济增长率(GDP_2020Q1_i)表示各市经济增长受新冠肺炎疫情的影响,考虑到经济增长的相对状况,本文也同时使用各市 2020 年第一季度经济增长率与前三年第一季度经济增长率平均值的相对值(ΔGDP_Q1_i)作为事件性因素的代理变量。数据来源于各市 2020 年进度统计报告。

2）内部因素

本文使用各城市 2019 年人均国内生产总值的对数 $\log(GDPpercapita\ 2019)_i$ 表征经济发展程度。使用各市 2019 年一般公共预算收入占国内生产总值的百分比的对数 $\log(revenue)_i$ 表示财政承受能力。数据来源为各城市 2019 年统计公报。

3）横向因素

本文使用同一省份中发布政府消费券城市数占全省城市比重 $Neighbor_{it}$ 表示横向扩散效应,即同一省份内采纳政府消费券比例越高,横向扩散效应越明显。

4）纵向因素

考虑到“条条块块”对于纵向机制的不同效应(陈思丞,2020),本文采用附表 1 中以各省人民政府或者省人民政府办公厅名义印发,具有鼓励地方政府发行消费券的政策文件作为纵向扩散机制标志, $Encourage_{it}=1$ 表示城市 i 所在省份的省级政府在 i 时期出台了鼓励发行消费券的政策文件,否则

① 事实上,西藏自治区累计确诊人数仅为 1 人,第一季度经济增长也是唯一正增长。

② 数据来源:湖北省统计局,2020 年 4 月 21 日。

$Encourage_{it}=0$。

5)疫情因素控制变量

本文使用每百万人确诊人数($density_{it}$)和14天内是否存在新增确诊病例($New\_14_{it}=\begin{cases}1,是\\0,否\end{cases}$)表示疫情防控压力,考虑到3月份以来各市境外输入病例风险普遍增加,本文使用确诊病例数均为包括国内确诊病例与境外输入病例。确诊病例数来源为丁香医生网站[①],各市人口数据为2019年常住人口,数据来源为各市2019年统计公报。

考虑到本地疫情防控会受到周边城市疫情的影响,本文也将省级政府疫情防控应急响应级别作为疫情严重程度的代理变量,疫情防控等级 $Degree_{it}\in(1,2,3)$ 分别表示应急响应级别的一级、二级和三级。

6)官员因素控制变量

官员因素会对我国公共政策的扩散产生影响已经成为学界共识,特别是基于官员年龄与任期表征的晋升压力(吴建南等,2014;朱旭峰、张友浪,2015)与官员流动因素(张克,2015;Yi et al.,2018)都会影响地方政府对于创新型政策的采纳。本文列举了市委书记个人特征对于政府消费券扩散的影响,主要包括:①市委书记是否小于55岁,如果市委书记小于55岁,则 $Age\_55_{it}=1$,否则 $Age\_55_{it}=0$;②市委书记年龄 Age_{it};③市委书记任职年限与任职年限的二次项 $Tenure_{it}$ 和 $Tenure^2{}_{it}$,本文遵从经典的研究设定,将当年7月1日之前任职年限记为1,7月1日之后任职记为0;④市委书记性别 $Gender_{it}$;⑤市委书记受教育程度 Edu_{it},包括本科、硕士研究生、博士研究生。

7)城市层面控制变量

城市规模与产业结构差异也会对政府决策产生显著影响。本文使用2019年各市常住人口的对数 $\log(population)_i$ 作为城市规模控制变量,使用2019年各市服务业增加值占国内生产总值比重的对数 $\log(service)_i$ 作为产业结构控制变量。同时,考虑到政府消费券的特殊性,使用2019年各市社会消费品零售总额占国内生产总值比重的对数 $\log(retail)$ 作为经济结构控制变量。以上数据来源为2019年各市统计公报。

表1总结了本文城市样本的基本情况。考虑数据缺失情况,本文城市样本中共有117个城市出台了政府消费券,180个城市尚未出台。

---

① https://ncov.dxy.cn/ncovh5/view/pneumonia.

表 1　城市样本基本情况

	采纳消费券政策					未采纳消费券政策				
	均值	样本数	最大值	最小值	标准差	均值	样本数	最大值	最小值	标准差
GDP_2020Q1	−5.27	117	12.6	−18.2	4.66	−3.81	180	12.1	−24.8	4.44
ΔGDP_Q1	−12.20	114	11.43	−27.63	5.12	−10.93	180	4.60	−32.97	4.87
$GDPpercapita2019$	80447.23	111	1115623	21374	105512.25	54821.03	172	203489	14697	33318.96
revenue	8.77	111	14.03	2.34	2.48	7.72	172	15.22	2.50	3.42
population	461.62	111	1476	31	286.53	403.20	172	1343	21	261.10
service	49.12	111	72.60	29.39	7.49	48.89	172	79.20	28.30	8.49
retail	42.15	111	74.1	12.79	6.38	40.11	172	75.26	11.68	7.14
确诊人数 3 月 1 日	47.28	117	504	0	66.38	30.41	180	417	0	52.48
确诊人数 5 月 31 日	50.02	117	516	0	68.18	35.37	180	511	0	69.28
性别:男		114					174			
性别:女		3					6			
学历:本科		20					32			
学历:研究生		67					109			
学历:博士生		30					39			
Age	55.65	117	60	48	2.56	55.78	180	62	45	2.71
Tenure	2.06	117	7	0	1.56	2.38	180	8	0	1.82

注:市委书记统计政策出台时在任市委书记情况。

四、实证结果

(一) 基本回归结果

表2汇报了实证模型的基本回归结果。在仅考虑事件性因素与疫情因素的情形下,在模型(1)中2020年第一季度经济增长率(GDP_2020Q1)的回归系数显著为负;在模型(2)中,第一季度经济增长率的相对值(ΔGDP_Q1)的回归系数也显著为负,说明经济增长受新冠肺炎疫情影响更大的城市更有可能采纳政府消费券,研究假设1得到验证。在模型(3)与模型(4)中逐渐加入了内部因素、横向扩散因素、纵向扩散因素、官员因素、城市层面控制变量以及时间平滑线控制变量。在模型(3)中,变量 GDP_2020Q1 的回归系数依然显著为负,在模型(4)中,变量 ΔGDP_Q1 的回归系数也显著为负,验证了本文研究假设1的稳健性。

就内部因素而言,变量 $\log(GDPpercapita2019)$ 回归系数在模型(3)与模型(4)中都显著为正,说明2019年人均国内生产总值越高的城市,更有可能采纳政府消费券,验证了经济发展程度是影响政府消费券扩散的重要内部因素。变量 $\log(revenue)$ 的回归系数在模型(3)与模型(4)中也都显著为正,说明政府财政状况越好的城市更有可能采纳政府消费券。以上结果验证了本文研究假设2和研究假设3,表明面对深度不确定性的决策环境,政府执政能力更强、风险应对能力更高的地区,更具有采纳创新型政策的内部基础。

在模型(3)和模型(4)中,变量 *Neighbor* 的回归系数显著为正,意味着同一省份中采纳政府消费券的城市越多,未发行政府消费券的城市越有可能采纳政府消费券,表明横向扩散机制对于政府消费券扩散具有显著正效应,验证了研究假设4。

在模型(3)和模型(4)中,变量 *Encourage* 的回归系数也显著为正,表明省级政府出台的鼓励发行消费券的政策文件是一种强纵向激励。这一结果不仅验证了纵向机制对政府消费券扩散具有显著影响,也支持了杨志、魏姝(2020)提出的纵向机制是我国政策爆发式扩散驱动因素假说。

基于以上结果,本文认为在深度不确定性条件下,现实的治理问题是影响地方政府发行政府消费券的主要因素。同时,地方政府在考虑自身内部因素的基础上,更可能模仿其他地区的创新型政策。上级政府的政策支持也会增加地方政府采纳创新型政策的可能性。以上因素共同驱动了政府消费券的爆发式扩散。

表 2　基本回归结果

	变量	模型(1)	模型(2)	模型(3)	模型(4)
事件性因素	*GDP*_2020*Q*1	−0.050 **		−0.0473 *	
		(0.0200)		(0.0286)	
	Δ*GDP*_*Q*1		−0.039 **		−0.063 **
			(0.0204)		(0.0250)
内部因素	log (*GDP per capita* 2019)			0.539 **	0.466 *
				(0.2434)	(0.2409)
	log (*revenue*)			0.952 **	0.961 **
				(0.3735)	(0.3742)
横向机制	*Neighbor*			1.175 **	1.106 **
				(0.5753)	(0.561)
纵向机制	*Encourage*			0.642 ***	0.703 ***
				(0.2261)	(0.2213)
控制变量	疫情因素控制变量	Y	Y	Y	Y
	官员因素控制变量	N	N	Y	Y
	城市控制变量	N	N	Y	Y
	Wuyi	N	N	Y	Y
	Spline	N	N	Y	Y
	Intercept	−4.031 ***	−4.273 ***	−9.620 *	−10.877 **
		(0.6021)	(0.6388)	(5.2731)	(5.2486)
	Mckelvey and Zavoina's R^2	0.023	0.022	0.397	0.398
	Obs	3539	3539	3438	3438

注：* 表示 $p<0.1$，** 表示 $p<0.05$，*** 表示 $p<0.01$。本文回归系数标准误在城市层面聚类。

（二）横向机制：模仿还是学习？

在基本回归结果中，本文验证了横向机制对于政府消费券政策扩散具有显著影响，但并未讨论横向机制的不同类别。Shipan and Volden(2008)将横向扩散机制区分为学习机制(learning)、经济竞争(economic competition)和模仿机制(imitation)。多项研究都强调了学习机制与模仿机制的区别，认为学习机制是未采纳政策的地方政府在考察了政策效果的基础上决定是否采纳，模仿机制则是未采纳政策的地方政府只关心其他地方政府是否采纳了政策(Shipan and Volden，2008；Gilardi，2010)。在表3的基本回归结果中，本文使用同一省份中宣布发行政府消费券的城市占全省所有城市比重作为横向机制的代理变量，本质上是一种模仿机制，因为这一变量只强调其他地方政府是否采纳政府消费券，并未考虑政府消费券发行的实际政策效果。

参考刘伟(2014)从议程设置的角度区分政策模仿与政策学习的建议，本文定义 $Learning_{it}$ 为城市 i 在时期 t 同一省份内已经实际发行政府消费券的城市比重，用以表征学习机制。表3为考虑学习机制的回归结果。

由表3中模型(5)可知，在考虑学习机制的情况下，变量 $Learning$ 的回归系数并不显著为正，在模型(6)中，将受疫情影响的经济变量改变为相对值的情况下，学习效应的回归系数依然不显著。对比表2的基本回归结果，本文提出影响政府消费券扩散的横向机制主要为地方政府间的政策模仿。这一结果表明，由于深度不确定性的存在，地方政府行为更多地表现为一种盲目的模仿而不是有计划的学习。这也解释了杨志、魏姝(2020)提出的政策爆发中存在的“一哄而上”现象。

表3　模仿机制与学习机制

变量		模型(5)	模型(6)
事件性因素	GDP_2020Q1	−0.050 *	
		(0.0283)	
	ΔGDP_Q1		−0.064 **
			(0.0249)
内部因素	$\log(GDPpercapita2019)$	0.559 **	0.531 **
		(0.2437)	(0.2416)

（续表）

	变量	模型(5)	模型(6)
	log（*revenue*）	0.995 ***	1.007 ***
		(0.3721)	(0.3731)
横向机制	*Learning*	0.021	−0.035
		(0.6763)	(0.671)
纵向机制	*Encourage*	0.738 ***	0.792 ***
		(0.2221)	(0.2175)
控制变量	疫情因素控制变量	Y	Y
	官员因素控制变量	Y	Y
	城市控制变量	Y	Y
	Wuyi	Y	Y
	Spline	Y	Y
	Intercept	−9.632 *	−10.928 **
		(5.2607)	(5.2344)
	Mckelvey and Zavoina's R^2	0.399	0.400
	Obs	3438	3438

注：* 表示 $p<0.1$，** 表示 $p<0.05$，*** 表示 $p<0.01$。本文回归系数标准误在城市层面聚类。

五、稳健性检验与异质性分析

（一）稳健性检验

为了验证本文研究结果的稳健性，本小结从两个角度对基本回归结果进行稳健性检验。

首先，本文考虑时间间隔 k 假定为 1 周是否影响结论的稳健性。理论上，时间周期 k 并不存在，由此其数值设定客观上会影响样本数据结构，进而有可能影响实证结果。在基本回归结果中，为了体现政府消费券的决策及时性，本文将 k 设定为 1 周，但是在一些例子中也可以看到，对于一些城市，政策采纳（A）与政策公布（B）之间会存在一个相对较长的时间。

其次，本文考虑省级政府发行消费券是否会对市级政府采纳与出台政府消费券产生影响。黑龙江省、广西壮族自治区、贵州省以省级人民政府名义发行了少量政府消费券，为了消除省级政府消费券的影响，本文在样本数据中剔除了发行省级政府消费券的省份的城市，即如果省级政府在 t 时期发行了政府消费券，本文在之后的城市样本中去除该省份城市。

表 4 中模型(7)和模型(8)是考虑时间因素的稳健性检验结果，模型(9)和模型(10)是考虑省级政府消费券因素的稳健性检验结果。我们关心的解释变量的回归系数在上述回归结果中与基本回归结果相一致，说明在考虑了时间与空间因素之后，本文研究结果依然稳健。

表 4　稳健性检验结果

	变量	模型(7)	模型(8)	模型(9)	模型(10)
事件性因素	*GDP*_2020*Q*1	−0.072 ** (0.0314)		−0.062 ** (0.0314)	
	Δ*GDP*_*Q*1		−0.071 ** (0.0296)		−0.064 ** (0.0293)
内部因素	log (*GDP per capita* 2019)	0.531 *** (0.2012)	0.503 ** (0.2058)	0.483 ** (0.1895)	0.454 ** (0.1936)
	log (*revenue*)	0.738 ** (0.3374)	0.805 ** (0.3539)	0.647 ** (0.3220)	0.698 ** (0.3399)
横向机制	*Neighbor*	1.565 *** (0.5814)	1.750 *** (0.5812)	0.994 * (0.5822)	0.926 * (0.5701)
纵向机制	*Encourage*	0.693 *** (0.2245)	0.721 *** (0.2313)	0.591 *** (0.2251)	0.6469 ** (0.2205)
控制变量	疫情因素控制变量	Y	Y	Y	Y
	官员因素控制变量	Y	Y	Y	Y
	城市控制变量	Y	Y	Y	Y
	Wuyi	Y	Y	Y	Y
	Spline	Y	Y	Y	Y
	Intercept	−2.659 *** (0.3350)	−2.820 *** (0.4088)	−3.080 (5.6705)	−3.534 (5.7664)

（续表）

变量	模型(7)	模型(8)	模型(9)	模型(10)
Mckelvey and Zavoina's R^2	0.485	0.493	0.458	0.463
Obs	1722	1676	3209	3118

注：* 表示 $p<0.1$，** 表示 $p<0.05$，*** 表示 $p<0.01$。本文回归系数标准误在城市层面聚类。

（二）异质性分析

政策扩散具有异质性（Shipan and Volden，2008；Marsh et al.，2009）。本文中，我们比较政府消费券在东部与中西部地区①扩散机制的差异。一方面东部地区与中西部地区经济发展程度存在差异，另一方面，东部地区是政府消费券政策创新的引导者，中西部地区是追随者，处于不同的政策扩散阶段。异质性分析有助于我们理解不同经济发展程度与政策扩散阶段，地方政府应对深度不确定性的行为逻辑。

表 5 中，模型（11）和模型（12）为东部省份的回归结果。与基本回归结果不同，变量 GDP_2020Q1 和变量 ΔGDP_Q1 的系数并不显著为负，表明就东部各城市而言，经济增长受疫情影响的程度并未显著影响地方政府消费券的决策。表征长期经济发展程度与财政承担能力的变量的回归系数显著为正，说明城市内部因素影响了地方政府采纳政府消费券。模型（13）和模型（14）为中西部省份的回归结果，就内部因素而言，其与基本回归结果一致。以上差异性结果表明，虽然政府决策注意力转变是政策爆发式扩散的重要标志，但是在应对深度不确定性的决策环境中，政府自身决策能力是采纳创新型政策的基本条件，特别是在经济长期基本面更好、政府决策能力很强的地区，对于创新型政策的采纳更依赖于政府自身决策能力。

政府消费券在东部与中西部地区扩散机制的差异性还体现在横向因素与纵向因素之中。在东部地区，横向扩散机制显著为正而纵向扩散机制的显著性不明显；在中西部地区，纵向扩散机制显著地影响了政府消费券的扩散，但

① 根据国家统计局，东部省份为：广东省、河北省、江苏省、山东省、浙江省、台湾省、福建省、上海市、北京市、天津市、海南省、澳门特别行政区、香港特别行政区。考虑本文样本范围，东部省份包括广东省、河北省、江苏省、山东省、浙江省、福建省、海南省。中西部地区包括中部地区、西部地区和东北地区。

是横向机制效果不显著。

以上结果验证了政府消费券扩散的影响机制在不同地区具有异质性,也符合 Shpian and Volden(2008)提出在不同政策扩散阶段的扩散机制的异质性影响。政府消费券政策表现为从经济发达的东部地区向中西部地区的扩散,在东部地区的扩散过程中,更多地转变为一种城市之间的自主决策,即城市之间的模仿与竞争。对于中西部地区而言,由于是创新型政策的追随者,政策注意力的转型具有显著影响;另一方面,由于自身决策能力不足,上级政府政策支持与引导会更显著地影响地方政府的政策采纳。

表 5 异质性分析结果

变量		东部省份		中西部省份	
		模型(11)	模型(12)	模型(13)	模型(14)
事件性因素	*GDP_2020Q1*	0.007 (0.0618)		−0.071 ** (0.0314)	
	ΔGDP_Q1		−0.002 (0.0674)		−0.071 *** (0.0267)
内部因素	log (*GDP per capita* 2019)	1.724 ** (0.7556)	1.713 ** (0.7511)	0.620 ** (0.3075)	0.575 * (0.3067)
	log (*revenue*)	1.722 * (0.9505)	1.701 * (0.9554)	0.821 * (0.4467)	0.799 * (0.4480)
横向机制	*Neighbor*	2.639 ** (1.2563)	2.643 ** (1.2566)	1.162 (0.7592)	1.132 (0.750)
纵向机制	*Encourage*	1.098 (0.6945)	1.098 (0.6950)	0.698 ** (0.2795)	0.769 *** (0.2722)
控制变量	疫情因素控制变量	Y	Y	Y	Y
	官员因素控制变量	Y	Y	Y	Y
	城市控制变量	Y	Y	Y	Y
	Wuyi	Y	Y	Y	Y
	Spline	Y	Y	Y	Y
	Intercept	−13.595 (12.448)	−13.637 (12.486)	−18.156 ** (7.674)	−20.703 *** (7.664)

（续表）

变量	东部省份		中西部省份	
	模型（11）	模型（12）	模型（13）	模型（14）
Mckelvey and Zavoina's R^2	0.5434	0.5437	0.8638	0.8715
Obs	770	770	2668	2668

注：* 表示 $p<0.1$，** 表示 $p<0.05$，*** 表示 $p<0.01$。本文回归系数标准误在城市层面聚类。

六、结论与讨论

本文聚焦于新冠疫情防控进入常态化背景下地方政府消费券的爆发式扩散，探究了在深度不确定性条件下政策爆发式扩散的影响因素，为我国公共政策爆发式扩散机制研究提供了新的实证证据。

第一，事件性因素会影响公共政策的爆发式扩散，经济发展受到新冠肺炎疫情影响更为严重的地区，更有可能出台地方政府消费券。这一发现验证了事件性因素是导致政策爆发式扩散的主要原因。但是，与杨志、魏姝（2020）提出的事件性因素是通过上级政府压力推广影响地方政府注意力分配进而导致政策爆发式扩散的机制不同，本文发现事件性因素对本地经济社会发展影响程度也会造成地方政府注意力分配差异，这体现出地方政府在面临深度不确定的决策环境时决策出发点更多考虑的是解决现实问题而不是单纯回应上级要求。就政府消费券而言，省级政府的政策引导固然促进了市级政府采纳消费券政策，经济发展受到疫情的影响程度才是各地是否发行政府发行消费券的根本考量。

第二，由于深度不确定性条件下地方政府缺少进行最优决策的有效信息，政策扩散的横向机制表现为政策模仿而不是政策学习。在以往关于政策扩散的实证研究中，研究者较少区分政策学习机制与政策模型机制，而是笼统地概括为横向扩散机制，本文利用更为细致的研究数据科学区分了模仿机制与学习机制，并验证了面对决策环境的深度不确定性，地方政府更多表现为对于其他政府政策的模仿而不是有针对性的学习。这一发现也一定程度上反映出深度不确定条件下政府科学决策的复杂性，当地方政府面临事件性因素的严重影响,往往需要在决策时进行及时性与有效性的权衡,由此政策模仿成为很多地方政府的现实选择。但是,政策模仿与有针对性的政策学习相比,往往具有一定程度的盲目性,由此造成政策实施效果不佳,这也是深度不确定性条件导致政府政策失灵的重要原因。

第三,在深度不确定性条件下,自上而下的纵向机制将会显著提高地方政府对于创新型政策的采纳,但是其影响效果具有异质性,自身经济发展程度较低,政府能力较弱的地区,其政策采纳更依赖于上级政府的政策引导。上级政府的政策引导作为一项重要的纵向扩散机制对我国政策扩散具有显著影响在系列研究中都得到了实证检验(朱旭峰、赵慧、2016;陈思丞,2020 等),但是也有部分研究发现对于特定的公共政策,纵向机制并不总是显著影响,例如 Ma (2014)关于“政务微博”、马亮(2015)关于“公共自行车”以及 Huang et al. (2019)关于“土地增加挂钩”政策扩散的研究也都发现上级政府支持并不一定显著影响创新型政策的扩散。本文的发现对这一争论提供了新的理论视角,即上级政府的政策引导是否会促进地方政府的政策采纳一定程度上内生于各地方政府的治理能力,尤其是面对更为复杂的决策环境,治理能力较低的地方政府更容易受到上级政府的政策引导的影响。

第四,内部因素是地方政府应对深度不确定性条件的能力基础,就政府消费券而言,经济发展水平越高、财政承受能力越强的地区,更有可能采纳与发行政府消费券。当前关于我国政策扩散的研究更多地关注于包括横向机制与纵向机制的外部因素以及官员因素,实际上忽视了内部因素对于政策扩散的影响。本文的研究结果表明,在更为复杂的决策环境中,内部因素是地方政府决策的基础,会直接影响创新型政策的采纳。

另一方面,本文的发现也具有一定的现实意义。随着疫情防控进入常态化,地方政府政策注意力逐渐转向复工复产,但是由于深度不确定性的存在,容易造成“一哄而上”式的政策模仿。本文提出,地方政府对于创新型政策的采纳应该立足于自身能力建设,通过及时的信息收集与政策调整,保证创新型政策的实施效果;另一方面,上级政府应该充分发挥差异化的政策引导功能,特别是对于危机应对能力不足的地区,通过政策引导与财政帮扶可以有效加快创新型政策的采纳。

当然,本文也存在一定的研究不足与未来研究空间。首先,因为数据可获得性,本文无法获得政策采纳的准确时间,可能会对实证结果稳健性造成影响。其次,本文研究时间段为 2020 年 3 月 1 日至 5 月 31 日,即疫情防控进入常态化的初始阶段，地方政府的决策环境与决策模式与 2020 年下半年可能存在显著差异。最后，本文期待利用更为细致的微观数据，对政府消费券的实施效果进行定量评估。

参考文献

白重恩，杜颖娟，陶志刚，仝月婷，2004. 地方保护主义及产业地区集中度的决定因素和变动趋势[J]. 经济研究(4).

陈朋，2016. 地方政府创新的影响因素分析——基于中国地方政府创新奖的数据研判[J]. 中共中央党校学报(4).

陈思丞，2020. 政府条块差异与纵向创新扩散[J]. 社会学研究(2).

李智超，政策试点推广的多重逻辑——基于我国智慧城市试点的分析[J]. 公共管理学报，2019(3).

林雪霏，2015. 政府间组织学习与政策再生产：政策扩散的微观机制——以城市网格化管理政策为例[J]. 公共管理学报(12).

林毅夫，沈艳，孙昂，2020. 中国政府消费券政策的经济效应[J]. 经济研究，55(07)：4－20.

刘伟，2014. 学习借鉴与跟风模仿——基于政策扩散理论的地方政府行为辨析[J]. 国家行政学院学报(01)：34－38.

马亮，2015. 公共服务创新的扩散：中国城市公共自行车计划的实证分析[J].公共行政评论，8(03)：51－78＋203.

王浦劬，赖先进，2013. 中国公共政策扩散的模式与机制分析[J]. 北京大学学报(哲学社会科学版)(6).

王绍光，2020. 深度不确定条件下的决策——以新冠肺炎疫情为例[J]. 东方学刊(2).

吴建南，张攀，刘张立，2014. "效能建设"十扩散：面向中国省份的事件史分析[J]. 中国行政管理(1).

杨志，魏姝，2020. 政策爆发生成机理：影响因素、组合路径及耦合机制——基于 25 个案例的定性比较分析[J]. 公共管理学报(2).

张克，2015. 地方主官异地交流与政策扩散：以"多规合一"改革为例[J]. 公共行政评论(8).

张平，李世祥，2007. 中国区域产业结构调整中的障碍及对策[J]. 中国软科学(7).

周黎安，2007. 中国地方官员的晋升锦标赛模式研究[J]. 经济研究(7).

朱旭峰，张友浪，2015. 创新与扩散：新型行政审批制度在中国城市的兴起[J]. 管理世界(10)

朱旭峰，赵慧，2016. 政府间关系视角下的社会政策扩散——以城市低保制度为例(1993—1999)[J]. 中国社会科学(8).

朱亚鹏，2016. 丁淑娟，政策属性与中国社会政策创新的扩散研究[J]. 社会学研究(5).

ALLEN M D，CARRIE P，P HAIDER-MARKEL DONALD，2004. Making the national local：specifying the conditions for national government influence on state policymaking [J]. State Politics & Policy Quarterly，4(3)：318 - 44.

BERRY F S，BERRY W D，1990. State lottery adoptions as policy innovations：an event history analysis[J]. American Political Science Association，84(2)：395 - 415.

CHIEN S S，2008. The isomorphism of local development policy：a case study of the formation and transformation of national development zones in Post-Mao jiangsu，China [J]. Urban Studies，45(2)：273 - 294.

GILARDI F，2010. Who learns from what in policy diffusion processes? [J]. American Journal of Political Science，54(3)：650 - 666.

HUANG Y F，ZHANG C，LIU W，2019. Who drives the formation and adoption of the "increasing versus decreasing balance policy"? —Evidence from a policy process analysis [J]. Land Use Policy，80:175 - 184.

HUANG Y，1996. Central-local relations in China during the reform era：the economic and institutional dimensions [J]. World Development，24(4):655 - 672.

JARVIS D. S L，2011. Theorising risk and uncertainty in international relations the contributions of frank knight [J]. International Relations，25(3):296 - 312.

KARCH A，CRAVENS M，2014. Rapid diffusion and policy reform：the adoption and modification of three strikes laws [J]. State Politics & Policy Quarterly.

MA L，2014. Diffusion and assimilation of government microblogging：evidence from Chinese cities [J]. Public Management Review，16(2)：274 - 295.

MARSH D，SHARMAN J C，2009. Policy diffusion and policy transfer [J]. Policy Studies，30(3)：269 - 288.

MILLS MELINDA，2011. The fundamentals of survival and event history analysis[M]. Introducing Survival Analysis and Event History Analysis. London：SAGE Publications：1 - 17.

NAIR S，HOWLETT M，2017. Policy myopia as a source of policy failure：adaptation and policy learning under deep uncertainty [J]. Policy & Politics，45(1)：103 - 118.

PAUL COLLIER，VICTORIA DELBRIDGE，SHAHRUKH WANI，2020. Making policy decisions under uncertainty，IGC blog，https://www.theigc.org/blog/making-policy-decisions-under-uncertainty/

SHIPAN C R，VOLDEN C，2008. The Mechanisms of Policy Diffusion [J]. American Journal of Political Science，52(4)：840 - 857.

SHIPAN C R，VOLDEN C. Policy diffusion：seven lessons for scholars and practitioners

[J]. Public Administration Review，72(6)：788－796.

WALKER W E，HARREMO? S P ，ROTMANS J，et al，2003. Defining uncertainty：a conceptual basis for uncertainty management in model-based decision support [J]. Integrated Assessment，4(1)：5－17.

WALKER，2014. Internal and external antecedents of process innovation：a review and extension [J]. Public Management Review，16(1)：21－44.

YI H ，STOKES B F，CHEN W，2018. Management innovation and policy diffusion through leadership transfer networks：an agent network diffusion model [J]. Journal of Public Administration Research and Theory(4)：457－474.

ZHANG Y，ZHU X，2019. Multiple mechanisms of policy diffusion in China[J]. Public Management Review，21(3－4)：495－514.

ZHU XUFENG. Mandate versus championship：vertical government intervention and diffusion of innovation in public services in authoritarian China [J]. Public Management Review，16(1)：117－139.

附件 1　2020 年截至 5 月 31 日各省关于消费券的政策文件

省份	日期	政策文件	内容	发布机关
安徽省	2.26	《关于恢复文化和旅游产业活力激发市场消费潜力的若干措施》	因地制宜推出文旅消费券、惠民卡等措施	安徽省文化和旅游厅
辽宁省	3.06	《辽宁省支持文化和旅游企业共渡难关若干政策措施》	鼓励向大众发放惠民文化和旅游消费券	辽宁省新型冠状病毒感染的肺炎疫情防控指挥部
	4.29	《关于接续开展系列促消费活动进一步提振消费信心的通知》	继续加大消费券发放范围和力度	辽宁省商务厅
贵州省	3.11	《支持文化旅游业恢复并高质量发展十条措施》	对省内居民发放文化旅游惠民券	贵州省人民政府办公厅
	4.17	《多彩贵州促消费百日专项行动方案》	通过多彩宝 App 和商场发放 5000 万元多彩贵州消费券	贵州省人民政府办公厅

(续表)

省份	日期	政策文件	内容	发布机关
江西省	3.19	《江西省人民政府打好"组合拳"提振旅游消费的通知》	在全省推出"爱江西·健康游"电子消费券,各市、县(区)结合实际发放旅游消费券,积极引导旅游消费	江西省人民政府
广西壮族自治区	3.20	《"壮美广西·三月三暖心生活节"总体方案》	举办系列节庆促销活动,发放暖心消费券	广西壮族自治区人民政府办公厅
浙江省	3.23	《浙江省人民政府办公厅关于提振消费 促进经济稳定增长的实施意见》	各地要推动商务、文化旅游等专项资金向消费提振工作倾斜,支持受疫情影响较大的餐饮、旅游等企业复工复产和线上线下联动促销、发放消费券等活动	浙江省人民政府办公厅
四川省	3.24	《四川文化旅游疫后恢复发展计划》	发行文旅消费补贴基金和文旅消费券	四川省文化和旅游产业发展领导小组
	4.07	《关于应对新型冠状病毒肺炎疫情稳定和促进服务业发展的指导意见》	鼓励加强政企合作、银企合作,通过发放消费券、惠民券、消费抽奖等方式	四川省商务厅
宁夏回族自治区	3.31	《2020年商务领域应对疫情影响扩大消费行动计划实施方案》	各地可结合实际通过发放消费券、举办线上购物活动等各种方式,提振消费信心,引导消费人气回升	宁夏回族自治区商务厅

（续表）

省份	日期	政策文件	内容	发布机关
山东省	4.02	《关于发行消费券促进消费回补和潜力释放的通知》	鼓励各地结合实际发放消费券	山东省商务厅等
	4.23	《第四届山东文化和旅游惠民消费季实施方案》	发放文化和旅游惠民消费券	山东省人民政府办公厅
江苏省	4.03	《关于积极应对疫情影响促进消费回补和潜力释放若干举措的通知》	鼓励各地结合实际，以发放消费券、现金补贴、免费开放场馆设施等 方式，引导消费需求释放，促进消费市场恢复	江苏省人民政府办公厅
福建省	4.03	《关于全面落实稳外贸稳外资促消费，有力推进高质量发展的若干措施》	支持有条件的地方实施探索消费券等促消费政策	福建省委办公厅、省福建省人民政府办公厅
重庆市	4.10	《加快发展线上业态促进线上消费实施方案》	鼓励发放消费券	重庆市商务委员会
河南省	4.14	《关于促进消费市场扩容提质的若干意见》	鼓励各省辖市、济源示范区结合实际，针对餐饮娱乐、文化旅游、住宿、体育健身、商业零售等受疫情影响较严重的领域或行业，发放电子消费券	河南省发改委等
吉林省	4.20	《关于开展消费券促销活动的指导意见》	充分释放消费潜力，通过发放消费券、开展省内旅游、发展网红经济	吉林省人民政府办公厅
云南省	4.22	《关于支持实体经济发展的若干措施》	鼓励依托“一部手机游云南”“一部手机云品荟”等电商平台，2020 年内分期分批发放电子消费券	云南省人民政府

(续表)

省份	日期	政策文件	内容	发布机关
青海省	4.24	《青海省惠民暖企健康消费实施方案》	充分发挥省内各金融机构、工会组织的积极作用,通过投放各类信贷产品和消费券	青海省人民政府办公厅
河北省	4.29	《河北省促进商业消费2020年度行动计划》	鼓励市级、区级财政拿出部分资金、电子支付平台和电商平台投入适当资金设置消费券	河北省防控疫情推进外资外贸商贸流通文旅业发展协调组
天津市	5.02	《天津市有效应对新冠肺炎疫情影响促投资扩消费稳运行的若干举措》	鼓励各区发放餐饮、家电建材等领域消费券	天津市人民政府办公厅
甘肃省	5.03	《关于进一步促进消费扩大内需的实施意见和行动计划的通知》	支持有条件的市州开展“夜间消费券发放行动”试点	甘肃省人民政府办公厅
陕西省	5.12	《陕西省促进市场消费积极应对新冠肺炎疫情影响的若干措施》	鼓励各市(区)推出文化、旅游和体育惠民电子卡,促进文化演出、旅游景区和健身休闲消费。	陕西省人民政府办公厅
黑龙江省	5.19	《关于应对新冠肺炎疫情影响开展搞活流通促进消费系列活动的指导意见》	有条件的市(地)加快研究制定发放消费券、旅游券等提振消费的政策措施	黑龙江省人民政府办公厅
湖北省	5.22	《提振消费促进经济稳定增长若干措施》	鼓励各地向普通居民发放普惠性消费券	湖北省人民政府

注:各省政策文件系作者收集。

附件2:地方政府消费券

在财政部2009年出台的《关于规范地方政府消费券发放使用管理的指导意见》中,地方政府消费券定义为“地方各级政府在本级预算(含当年预算收入和以前年度预算资金结余)中安排发放的用于兑换商品(或服务)的有价支付凭证"。本文结合以上规定与当前各地消费券发放实际,定义具有如下特征之一的消费券为政府消费券:

第一,消费券名称为"XX市政府(电子)消费券";

第二,消费券发行的主办单位为市人民政府;

第三,由市政府职能部门主办(商务局、文体局等),公告中明确提及消费券发行由市财政支持;

第四,由市政府职能部门主办(商务局、文体局等),公告中明确有"经市政府研究决定"。

Policy Diffusion Under Deep Uncertainty: Government Shopping Coupon Program During Covid-19 Epidemic

Ren Hao

Abstract: Government shopping coupon has become an important method for many local governments to deal with the negative impact of consumption and domestic demand caused by Covid-19 epidemic. In this paper, I use discrete time event history analysis method to investigate the diffusion mechanism of government shopping coupon program under deep uncertainty. The findings show: 1) government issue is an event factor, and cities where economic growth is more affected by Covid-19 are more likely to issue government shopping coupon programs. 2) the level of economic development and financial affordability are the internal reasons of the diffusion of government shopping coupon program. 3) Imitation effects among local governments will also promote the horizontal diffusion of government shopping coupon program. 4) The policy guidance of the superior government plays a significant role in the vertical diffusion of government shopping coupon program. Besides, I find diffusion mechanisms have heterogeneity among different regions. These findings are instructive for understanding the policy diffusion mechanism under deep uncertainty, and have enlightening significance to understand the behavioral logic of different level governments when coordinate epidemic control with economic and social development.

Key words: Covid-19 Epidemic; deep uncertainty; government shopping coupon program; policy diffusion

基于条件价值法(CVM)的滨海湿地生态修复支付意愿实证分析

——以宁波前湾新区为例*

王显金　张宸铭　詹国彬**

摘　要：条件价值法(CVM)是目前唯一能测度居民参与生态补偿支付意愿的方法。本文以宁波前湾新区为例开展实证研究，运用基于生存分析的支付卡式数据分析方法，利用寿命表法计算民众海涂湿地生态修复支付意愿累积存活概率，根据累积生存概率的数据规律，尝试拟合适合的生存函数并计算生存概率，应用半参数 Cox 比例风险模型分析支付意愿影响因素，为支付卡式数据分析提供新的分析路径。研究结果表明：前湾新区周边民众平均支付意愿为 24.07 元/年，民众的年龄、受教育程度和收入水平对海涂湿地生态修复有显著影响，性别和对海涂生态价值的理解程度对支付意愿的影响则不够显著。为进一步激发民众环保投入热情，提高民众海洋生态修复支付意愿，提出如下政策建议：①强化民众对海涂生态功能的科学认知，培养民众对海涂环境的积极情感；②为高收入群体对海涂生态价值正外部性支付费用搭建多元化平台；③积极拓宽生态环保的宣传区域，创新环保宣传方式，切实改进和提升环保宣传的效果。

关键词：支付卡式引导技术；条件价值评估法；生存分析

---

* 基金项目：本文受浙江省社科规划项目“建立生态补偿机制推进浙江省海涂开发和保护的途径研究”(19NDJC0104YB)和江苏省社科规划项目“美丽江苏视角下政府购买生态服务的模式与机制创新研究”(17ZTB022)的联合资助。

** 王显金(1978—)，男，博士，宁波财经学院国际经济贸易学院副教授，研究方向为生态经济；张宸铭(1997—)，男，南京审计大学公共管理学院硕士研究生；詹国彬(1977—)，男，博士，南京审计大学公共管理学院教授，博士生导师，E-mail：zhanguobin@nbu.edu.cn。

一、引言

湿地因其在降污固碳、气候调节和生物多样性保护等多方面的生态服务功能被誉为“地球之肾”,滨海湿地是其重要组成部分。然而,沿海滩涂围垦所引起的海涂高程、水沙动力、生态等多种环境要素的改变,直接导致海岸线大规模改变、海底冲淤变化,使得海涂和滨海湿地大量丧失、沿海海涂湿地生态系统功能退化、生物栖息地损失、近岸海域生物生境恶化、生物多样性降低等一系列问题,对海岸环境演变产生重大影响。近年来,国内外生态环境保护的理论和实践表明,建立生态补偿机制,通过经济手段来解决生态环境保护与经济发展的突出矛盾,比用传统的行政命令控制手段更具明显的成本效益优势和更强的激励抑制作用。党的十九大报告指出:“要建立市场化、多元化生态补偿机制。”在大力推进生态文明建设的战略背景下,构建社会主导的海涂湿地生态保护补偿机制,促进海涂管护由政府单中心管理向社会多元共治转变,是化解经济发展和海涂保护的矛盾、提升环保绩效的有效路径。生态补偿主体的支付意愿及支付水平是海涂湿地保护生态补偿标准的重要测量依据。周边居民及游客是滨海湿地生态服务外部性的重要获益主体,对海涂湿地生态保护意愿及支付水平直接反映其参与热情和积极性,探讨其对滨海湿地生态保护支付意愿和影响因素,对滨海湿地保护生态补偿标准的制定以及对滨海湿地乃至海洋进行综合生态管理提供科学依据,具有重要的理论意义和现实意义。

条件价值法(contingent valuation method,简称 CVM)是目前唯一能够测度居民参与生态补偿支付意愿的方法,学术界采用 CVM 方法对于生态保护支付意愿或水平的影响研究迄今已取得丰硕成果,主要集中于 3 个方面:一是森林(李英等,2020)、草原(张新华,2019)、湖泊(熊凯,2014)、流域(徐涛等,2020)、湿地(蒋劭妍等,2017)、农田(谢文宝等,2019)、重点生态功能区(王坤等,2021)等生态系统的生态补偿支付意愿;二是野生动植物(熊莉等,2020)、矿产(屈小娥、李国平,2012)等资源的开发与保护生态补偿支付意愿;三是对低碳农产品、绿色农产品等生态产品的支付意愿(梁志会等,2020;王建华、沈旻旻,2021)。以上研究为本文提供了借鉴,同时也存在一定的拓展空间:一是湿地生态补偿客体主要为湖泊湿地和河口湿地,国内鲜有关于滨海湿地生态保护补偿支付意愿问题的实证研究成果;二是 CVM 支付水平的计算上,较多采用的中位数计算等方法容易损失生态补偿额度数据的信息;三是大多影响因素研究主要分析了不同限定条件下(如不同教育水平、不同年龄)下因素之间的差异,很少进一步分析存在差异的因素之间影响程度的量化关系。鉴于此,本文采用浙江省前湾新区的 CVM 微观调查数据,运用生存分析和半参数 Cox 模型,分析居民和游客滨海湿地保护生态补偿支付意愿及其影响因素,为提升滨海湿地治理政策制定的针对性提出科学合理、有现实意义的对策建议。

二、理论分析和研究模型

(一) 滨海湿地生态补偿的理论依据

滨海湿地保护生态补偿机制的理论基础是外部效应理论和公共物品理论。资源生态环境价值理论认为:资源、生态环境是稀缺的、有价值的,在使用过程中需要为之付费。但滨海湿地生态系统服务属于公共物品的范畴,由于其无法分割和排他,任何人都可以享受到滨海湿地提供的水质净化、气候调节、生物多样性保护等生态系统服务而不用付费,因此“搭便车”现象比较普遍。从这一角度可见滨海湿地生态服务具有明显的外部效应。人们免费享受滨海湿地生态服务功能是外部不经济问题,而对滨海湿地保护采取支付费用等生态补偿措施是外部经济的体现。人类社会受益于生态系统服务功能,又对生态系统实施生态补偿,从生态系统整体来看,生态系统服务功能发挥与生态补偿过程可以看作生态系统自身的调节过程,生态系统服务功能是生态补偿产生的基础。与海涂生态系统的价值损失是滨海湿地生态损害补偿的重要研究基础不同,人们根据其享受的生态系统服务而愿意支付的费用作为滨海湿地生态保护补偿标准制定的重要量化依据。

(二) 研究模型选取依据

如前述,利用 CVM 法研究支付意愿(*WTP*)主要需要解决支付意愿水平计算和影响因素分析两个问题。CVM 法主要方法有投标博弈法、开放式问卷法、二分法问卷、支付卡法等(Davis,1963;Lovett and Bateman,2001)。二分法和支付卡式问卷是最常见的两种 CVM 问卷技术,二分法数据是连续性数据,数据分析可采用参数法、半参数方法和非参数法中的任意一种(Bateman et al.,2001; 张志强等,2003;Loomis et al.,2000)。支付卡式选择问卷是简洁有效的问卷格式,其数据是离散型数据,主要采用非参数方法进行数据分析,一般根据所得离散型数据,先计算累计频度为50%的支付额度(中位值)或各支付额度的加权平均(期望值),然后乘以合适的人群范围总人数,最后得出研究区域生态价值(高琴等,2014;敖长林等,2016)。生存分析方法由于能把离散型数据拟合成连续性数据,为处理离散型数据提供了新思路。国内外基于生存分析的CVM数据统计分析的研究案例并不多见,且集中于二分法CVM数据分析上。Blaine T W等(2005)、MÁ Díaz等(2010)均利用离散选择模型中参数模型拟合二分法CVM数据支付意愿;张茵等应用生存分析处理1.5边界二分法CVM数据中的胖尾数据(张茵,2010);敖长林等(2014)研究证明了半参数分析方法在处理双边界二分式数据分析中的可行性及有效性;蔡细平等(2009)运用生存分析中的参数方法计算了生态公益林建设支付水平二分法数据平均*WTP*;冯雨豪等(2018)利用生存分析的参数方法计算了区域休闲农地存在价值支付水平双边界二分法数据的平均*WTP*。综上,在CVM数据类型处理上,生存分析较少应用于支付卡数据的支付水平分析,本文提出使用生存分析中的寿命表法,把离散型数据转化成连续型数据,再利用MATLAB曲线拟合工具拟合成生存函数,转化为可以用参数方法的情形,以期更大程度保留生态补偿数据的信息。

在影响因素分析上,支付意愿的影响因素分析一般采用差异检验、卡方检验、Logistic回归、结构方程模型等非参数方法和参数方法(冯磊等,2012;徐瑞璠等,2021)。近年来,半参数模型被认为更能够充分利用数据中所提供的信息,能克服参数方法对数据挖掘不够而非参数方法数据信息损失严重的缺点而越来越得到学者们的重视(Burton,2000;Crooker and Herriges,2004;敖长林,2014)。国内外在利用生存分析计算CVM数据平均支付意愿的基础上分析支付意愿影响因素时使用半参数方法的研究不够充分。并且在研究领域上,生存分析较少应用于滨海湿地价值的研究。因此,本文以国家级新区宁波前湾新区滨海湿地生态修复支付意愿支付卡式调查为例,综合应用生存分析的非参数分析和参数分析计算相应支付意愿均值,应用半参数Cox比例风险模型分析支付意愿影响因素,并根据分析结果提出合理的政策建议。

(三)计算平均支付意愿的生存分析模型

计算平均支付意愿分为如下三步:

(1)利用寿命表法计算支付意愿累积存活概率。

在设置支付卡式问卷时,假定有 k 个投标值 $t_1, t_2 \cdots t_k$ 供受访者选择,将它们从小到大排序为 $t_1 < t_2 < \cdots < t_k$。由于生存寿命区间表估计将观察区间

分成若干段,按区间段$[t_j, t_{j+1})$逐个统计事件发生的情况来估计生存函数。故首先把点数据转换成区间数据:当受访者选择零投标值($t_1=0$)时,则该受访者具有零支付意愿($WTP=0$);当受访者选择最大投标值 t_k 或者高于最大投标值t_k 时,对之进行右截断,认为其支付意愿为最大投标值($WTP=t_k$);当受访者取某中间投标值 $t_j=(2\leqslant j\leqslant k-1)$时,认为其支付意愿大于等于该投标值,但小于紧邻的下一个投标值($WTP\in[t_j, t_{j+1}]$)。

设支付卡引导技术下共得到 n 个支付意愿样本,令 d_j 为支付意愿落入$[t_j, t_{j+1})$区间内的样本数, n_j 为支付意愿大于t_{j+1}的样本数,生存函数即累计存活概率的估计表达式为(李元章、何春雄,2015):

$$\hat{S}(t)=\prod_{t_j\leqslant t}\frac{n_j-d_j}{n_j}\ ; \tag{1}$$

(2)生存函数的参数估计。

根据累积生存概率的数据规律,尝试拟合常见的生存函数,取拟合优度最佳的一种类型,根据统计方法拟合相应生存函数的各参数,从而写出相应的连续型生存函数。

(3)计算平均支付意愿,计算公式为(敖长林等,2016)。

$$E(WTP)=\int_0^{\text{Max}WTP}\frac{S(t)}{1-S(\text{Max}WTP)}\mathrm{d}t \tag{2}$$

式(2)中 MaxWTP 代表调查中所设定的最大支付意愿。

(四) 分析支付意愿影响因素的 Cox 比例风险模型

1972 年 Cox 提出了比例风险模型,简称 Cox 模型。模型在表达形式上与参数模型类似,但它不需要对支付意愿的概率分布做任何假定,就可对模型中的各参数进行估计和找出相关风险的影响因素,并对因素影响支付意愿的程度加以评价(Woodard et al.,2010),所以又称为半参数模型。

设 $X=(x_1, x_2, \cdots, x_p)$是影响支付意愿 t 的p 个危险因素。设 $h_i(t)$为第 i 名受试者在支付意愿t 的风险率。又设 $h_0(t)$表示不受危险因素 X 的影响下,在支付意愿 t 处的风险率,又称为基准风险率或基准函数。其模型的具体形式如下:

$$h_i(t)=h_0(t)\exp(\beta_1 x'_2+\cdots+\beta_m x'_m) \tag{3}$$

由于影响因素往往不仅是连续变量或者二分类变量,可能存在多分类变量,这种情况下需要假设虚拟变量,增设虚拟变量之后的因素向量记为 $\boldsymbol{X}'=(x'_1, x'_2, \cdots x'_m)$,所以一般而言 $p\leqslant m$。$\boldsymbol{\beta}=[\beta_1, \beta_2, \cdots, \beta_m]$是需要进行估

计的因素向量 $\boldsymbol{X}'=(x'_1, x'_2, \cdots, x'_m)$的系数向量。在其它因素固定的情况下,因子 $x'_i(i=1, 2, \cdots, m)$的取值增加一个单位,则 $h_i(t)$变为原来的 e^{β_i}倍,e^{β_i}被称为相对风险比(相对于原取值或者参照组而言)。如果 β_i 为正,则 x'_i 具有增加风险的效果,即 x'_i 的值越大,风险也越大。反之如果 β_i 为负,则 x'_i 具有降低风险的效果,即 x'_i 的值越大,风险反而越小。

三、研究区域、数据获取和研究变量

(一)研究区域

前湾新区地理位置上属于杭州湾南岸滩涂。该区域位于江浙沪城市圈的几何中心,围垦后成为国家打造湾区经济的重点对象,是国家改革开放的前沿阵地,但其所属海湾同时也是污染和影响东海污染的重灾区。新区地处北亚热带南缘,属海洋性季风气候,四季分明。年日照时数 2048.4h,太阳年辐射总量 468608J/cm^2,平均温度 16℃,无霜天 244 天。年降水 1272.8mm,平均年径流总量 5.122 亿 m^3。杭州湾国家湿地公园位于新区内,是新区地域内开发建设以后主要的生态功能区,是西伯利亚、澳大利亚东亚候鸟迁徙路线中的重要驿站,是世界濒危物种黑脸琵鹭和黑嘴鸥的重要越冬地与迁徙停歇地之一。湿地公园现吸引的鸟类已达 220 种,每年有上百种、几十万只候鸟途经此地。据观测,其中有列入世界自然保护联盟 IUCN 中国受威胁鸟类名录鸟类和国家重点保护野生动物名录鸟类分别有 9 种和 13 种。记录到底栖动物 56 种、鱼类 42 种、高等植物 281 种、浮游植物 192 种。

(二)数据获取

调查问卷共分为四个组成部分。第一部分是对前湾新区的区域范围、湿地生态状况的历史变迁和生态功能进行介绍,并对调查问卷中涉及的相关事项进行提示;第二部分包括对研究区的了解程度、对环保的关心程度、对湿地保护与开发的态度、湿地与受访者生活的相关性等问题;第三部分是问卷的核心部分,是对支付卡问卷支付意愿的引导。问题为:为了修复前湾新区海涂围垦导致的生态损失,未来五年您愿意每年捐献多少元用于此区域海涂湿地生态修复计划?您可以选择的金额为(单位:元):0,1,5,10,20,50,100,150,200,200 元以上(请填写具体金额)。第四部分是受访者个人基本信息的调查问卷。

为使假想市场尽可能接近真实市场，本次调查采用面对面形式，调查对象主要为杭州湾国家湿地公园游客、在前湾新区工作人员、庵东等慈溪市各镇居民，调查时间为2021年2月至3月。由于问卷的发放是采用随机发放的方法，而且被调查者覆盖了整个慈溪市区域，因此该调查问卷具有条件价值调查方法所要求的问卷广泛性要求。

调查共随机发放问卷720份，采用面对面的调查方式。回收问卷697份，回收率为96.8%，问卷反馈率很高。进而按照一定标准对回收的问卷进行筛选：去除胡答漏答（如全部选择“A”等固定答案，漏掉回答主要问题的答卷）、支付意愿过高（支付意愿超过其收入水平的20%）、前后不一致或矛盾的问卷27份，共回收有效问卷670份，占问卷总量的93.1%。其中湿地游客253人，周边居民（含湿地工作人员）417人。

CVM作为一种“事先”陈述偏好价值评估法，容易在操作上、统计上或心理上等方面产生偏差。为尽量避免偏差的出现，调查中采取了一些措施和方法来处理，如表1。

表1　CVM评估中涉及的可能偏差及其解决办法

偏差类型	问卷设计和实施中减少偏差的方法
投标起点偏差	主要通过预调查确定支付意愿的最值和增加支付卡问卷投标选项来加以控制
信息偏差	图文并茂地介绍区域海涂湿地生态服务功能，以使受访者直观地认识对湿地的历史和现状
部分—整体偏差	受访者可能将杭州湾、杭州湾新区国家和湿地公园相混淆，调查者耐心解释加以控制
停留时间偏差	用小礼物进行补偿的方式来对受访者参与花费时间表示感谢；适当减少调查时间来提高调查效率
调查者偏差	对调查者集中培训，使之熟练掌握相关知识并按照统一标准进行调查
调查方式偏差	采用面对面方式调查

（三）研究变量

居民及游客对滨海湿地生态保护支付意愿受多种因素影响。学者们的研究显示，生态保护支付意愿影响因素主要来自三个方面：一是性别、职业等个人特征，二是家庭收入、家庭住址与保护地距离等家庭特征，三是环境认知变量,如对湿地生态保护现状的了解、对湿地生态价值的认识等。结合上述学者的研究、本文的研究目的、前湾新区滨海湿地的实际状况以及缩小停留时间偏差的需要,本文精选如下五个自变量:

(1)性别。记女=0,男=1。众多研究表明,男性的支付意愿往往高于女性。故本文假设性别对支付意愿有着正向影响。

(2)年龄。以30岁和60岁为分点,把被访者分成三组。一般而言,随着年龄增大,阅历的增长,对生态系统服务有益于健康等方面有更加深刻的认识,从而保护环境的意识更加强烈。故本文假设年龄支付意愿有着正向影响。

(3)受教育程度。分成高中及以下、大专或本科以及研究生三组。一般而言,随着学历的变高,对生态系统生态效应有更加深刻的认识,从而保护环境的意识更加强烈。故本文假设受教育程度对支付意愿有着正向影响。

(4)家庭月收入。分成1万元以内、1万~3万元和3万元以上三组。一般而言,随着家庭月收入的增加,更有经济能力为生态服务付费。故本文假设家庭月收入对支付意愿有着正向影响。

(5)对生态价值的了解程度。分成了解、一般了解和不了解三组。一般而言,对生态价值了解程度的加深,更能激发保护环境的热情。故本文假设家庭月收入对支付意愿有着正向影响。

四、实证结果及分析

(一)样本描述

描述统计显示,670名被访者的支付意愿的简单平均值为27.38元。其中游客支付意愿的简单平均值36.21元($N=253$),高于居民支付意愿的简单平均值22.02元($N=417$)。零支付意愿者有81人,占12.1%,最大支付意愿为150元,共计19人,占比2.84%。调查问卷的正支付率为87.9%,较之于同类研究正支付率较高。不同组别、相应样本容量、支付均值和标准差见表2。

表 2　主要变量的统计描述

影响因素	内容	样本容量	支付均值	标准差	*T* 检验或 *F* 检验	*WTP* 支付特征描述
性别	男	285	24.75	38.16	−1.486	无显著差异,但女性支付意愿高于男性
	女	385	29.33	40.46		
年龄	≤30 岁	163	26.03	40.93	9.010 ***	老年人的支付意愿显著高于中青年组
	31～59	431	24.74	35.24		
	≥60	76	45.23	53.25		
受教育程度	高中及以下	432	20.70	26.67	60.712 ***	随着受教育程度的增加,支付意愿显著增强
	大专或本科	166	25.56	40.71		
	研究生	72	71.67	65.50		
家庭月收入	1 万以内	518	23.87	35.52	11.557 ***	随着家庭收入增加,支付意愿显著增强
	1 万～3 万	98	34.39	41.60		
	3 万以上	54	48.38	59.96		
对生态价值的了解程度	了解	95	34.84	49.44	1.983	无显著差异,从数值上看,随着对生态价值了解程度的加深支付意愿增强
	一般	286	26.32	37.67		
	不了解	289	25.98	37.52		

注:*、**、*** 分别代表在 0.05、0.01、0.001 水平上显著。下同。

(二) 支付意愿计算的参数方法

利用寿命表法公式(5)计算支付意愿累积存活概率结果及其中间过程见表 3。其中区间失效概率为失效数与当前剩余总人数之比,区间存活概率=1−区间失效概率,累积存活概率(生存函数)第 j 个值等于前 j 个区间存活概率的乘积。

表 3　利用寿命表法计算支付意愿累积存活概率

支付意愿区间(元)	区间中值(元)	选择人数	剩余总数	失效数	区间失效概率	区间存活概率	累积存活概率(生存函数)
[0,5)	2.5	217	670	217	0.325	0.675	0.675
[5,10)	7.5	141	453	141	0.311	0.689	0.465

(续表)

支付意愿区间(元)	区间中值(元)	选择人数	剩余总数	失效数	区间失效概率	区间存活概率	累积存活概率(生存函数)
[10,20)	15	99	312	99	0.317	0.683	0.318
[20,50)	35	90	213	90	0.423	0.577	0.183
[50,100)	75	80	123	80	0.650	0.350	0.064
[100,150)	125	24	43	24	0.558	0.442	0.028
[150,200)	175	19	19	19	1	0	0

拟合生存函数过程如下：

常见的 CVM 数据服从 weibull、logistic、对数 logistic、对数正态等分布。经统计分析，样本数据拟合二参数 Weibull 分布在拟合优度上好于其它分布，故本研究采用二参数 Weibull 分布(当支付意愿为零时，易知生存函数值为 1，故第三参数即位置参数为 0)。设支付意愿生存函数为

$$S(t)=\exp[-(t/\alpha)^{\beta}] \tag{4}$$

从而

$$H(t)=-\mathrm{Ln}S(t)=(t/\alpha)^{\beta}$$

$$\mathrm{Ln}(-\mathrm{Ln}S(t))=\beta\mathrm{Ln}t-\beta\mathrm{Ln}\alpha \tag{5}$$

可见，$\mathrm{Ln}H(t)$对 $\mathrm{Ln}t$ 成一条直线，上式称为 Weibull 分布的理论分布直线。

利用表 3 中的样本数据取对数处理后进行线性拟合，拟合方程见表 4、拟合图形见图 1。由表可知，$R^2=0.966$，调整 $R^2=0.960$，回归系数在 0.001 水平上显著，说明拟合结果比较理想。

表 4　样本数据服从 Weibull 分布的拟合方程和相关系数

分布类型	拟合方程	决定系数 R^2	调整后的决定系数 R^2	回归系数检验	
				斜率	常数项
Weibull 分布	$\mathrm{Ln}H(t)=0.678\mathrm{Ln}t-1.966$	0.966	0.960	$T=11.970$ $P<0.001$	$T=-8.898$ $P<0.001$

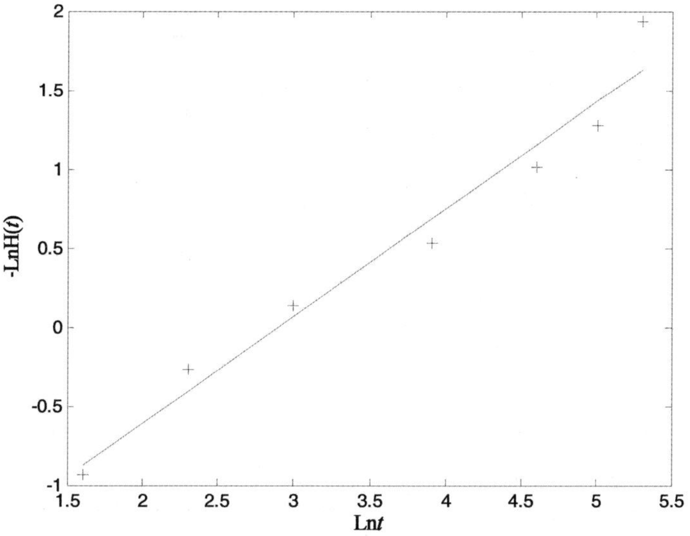

图 1　判断支付意愿数据为 Weibull 分布时线性拟合

由拟合方程计算得 $\alpha=18.169$，$\beta=0.67$，从而

$$S(t)=\exp[-(t/18.169)^{0.678}]$$

据平均支付意愿计算公式(6)，可由蒙特卡洛方法计算得到该积分值为 24.07，即平均支付意愿为 24.07 元。

（三）支付意愿影响因素半参数模型分析结果

本文选用 SPSS22.0 统计软件进行 Cox 比例风险模型的估计，应用 Newton-Raphson 极大似然函数迭代方法估计模型参数 β 的结果（见表 5）。结果显示，Cox 比例风险模型的对数似然函数值为 7612.165，似然比卡方统计量为 66.169，在 1%的统计水平上显著，说明模型的整体拟合效果较好。

表 5　Cox 比例风险模型参数估计结果

变量	系数	标准误	Wald	显著性	Exp(*B*)
性别	0.092	0.082	2.875	0.090	0.871
年龄(以年龄≥60 为参照)			24.120	0.000	
≤30 岁	−0.987	0.560	3.104	0.078	0.373
31～59	−1.065 ***	0.231	21.281	0.000	0.345
受教育程度(以研究生为参照)			42.136	0.000	

(续表)

变量	系数	标准误	Wald	显著性	Exp(*B*)
高中及以下	1.472 ***	0.239	37.842	0.000	4.358
大专或本科	1.466 *	0.568	6.652	0.010	4.332
收入(以收入 3 万以上为参照)			7.131	0.028	
1 万以内	0.335 *	0.151	4.952	0.026	1.398
1 万~3 万	0.142	0.175	0.655	0.419	1.153
对海涂湿地生态价值的了解(以了解为参照)			0.157	0.925	
不了解海涂湿地生态价值	0.003	0.122	0.000	0.983	1.003
一般了解海涂湿地生态价值	0.033	0.122	0.073	0.787	1.034

根据表 5 显示的结果,结合表 2 描述性统计和差异检验,支付意愿影响因素分析结果如下。

支付意愿性别差异不够显著。女性支付意愿均值为 29.33 元,高于男性支付意愿 24.75 元。这一点与很多研究结果不同,说明支付意愿未必存在性别差异。

从年龄角度看,支付意愿由高到低依次为老年组(≥60 岁)、青少年组(≤30 岁)、中青年组(31~59 岁),均值分别为 45.23 元、26.03 元和 24.75 元。老年人支付意愿较强,究其原因,老年人支付能力较强,且往往有充裕的时间通过旅游等方式享受海涂湿地的生态价值,从而表现出较强的支付意愿。而中青年人虽然也具备一定的支付能力,但是该年龄段的人往往需要承担一定的家庭经济职责,从而支付意愿相对保守。

受教育程度对支付意愿有显著的正向影响($p<0.001$)。支付意愿由高到低依次为研究生学历、大学学历和中小学学历的居民,支付意愿分别为 71.67、25.56、20.70 元。低学历和中等学历较之于高学历的支付意愿相对风险比分别为 4.358 和 4.332。受教育程度越高,对生态损害的认识和生态保护效益的理解往往更加深入,相应地表现出更强的支付意愿和更高的支付水平。

家庭月收入对支付意愿有显著的正向影响($p<0.05$)。支付意愿由高到低依次为高收入(3 万元以上)、中收入(1 万~3 万元)、低收入(1 万以下)居民组,家庭居民支付意愿依次为 48.38 元、34.39 元、23.87 元。1 万以内较之于参照组(3 万以上)的支付意愿相对风险比为 1.398。受教育程度与家庭收入往往

正相关(本研究计算二者 Kendall's tau-b 秩相关系数为 0.315，$p<0.05$)，家庭收入越高，代表其支付能力越强，从而有较强的支付意愿。

对生态价值的认知程度的不同对支付意愿的影响无显著差异，但了解海涂湿地生态价值的居民支付意愿(34.84 元)从数量上看高于一般了解(26.32 元)和不了解者(25.98 元)。

五、研究结论和政策建议

本文基于生存分析的视角建立了支付卡式 CVM 数据的生存分析模型，以前湾新区滨海湿地生态修复为例，考察了该区域居民对生态修复的支付意愿水平和影响因素。本文的创新价值主要表现为，综合利用了生存分析的非参数、参数和半参数方法来分析滨海湿地生态保护支付卡式 CVM 数据的均值和影响因素。在把点型数据转化为区间型数据的基础上，利用寿命表非参数法计算出累积生存概率，通过线性拟合的方法拟合出生存函数，从而探讨了支付卡式 CVM 数据的一种简约可行的生存函数参数拟合方法。结果显示：研究区域居民对前湾新区滨海湿地生态修复的年支付意愿水平为 24.037 元。5 个影响变量中，年龄、受教育程度和收入水平对滨海湿地生态修复有显著的正向影响，性别和对滨海生态价值的了解程度对支付意愿影响虽然不显著，但仍然呈现出一定的统计规律。生态补偿支付意愿受居民异质性的影响(熊凯、孔凡斌，2014；刘玉卿、张华兵，2018；庞洁，2020；吴乐，2020)，这点在我们的研究中进一步得到印证。

为进一步激励居民加入滨海湿地环境治理活动，提高生态环境治理绩效，提出如下政策建议。

第一，强化居民对滨海湿地生态功能的科学认知，培养居民对滨海湿地环境的积极情感。受教育程度高的群体对滨海湿地生态效益往往有更深刻的认知。年龄大的居民一般在滨海湿地周边生活了更长时间，不仅对湿地积累了更多的感性认识，而且赋予了更深厚情感。可见，高认知水平和对滨海湿地的积极情感正向影响支付水平。由于情感以认知为基础，所以，未来应重点引导居民了解滨海湿地生态现状以及熟知生态保护补偿的积极作用，加强宣传力度和优化宣传内容，提高并深化居民对滨海湿地环境治理的认知。

第二，为高收入群体对滨海湿地生态价值正外部性支付费用搭建多元化平台。随着物质生活水平的不断提升,群众对美好生态环境的向往越来越强烈。一些富裕的居民有较强的生态文明建设参与意愿,调查表明不少居民表示不了解或者缺少可以参与的平台。在目前中国社会治理结构下,公众参与滨海湿地生态保护补偿多是宣传驱动的"被动委托",政府应搭建多样化平台或者为高收入者主动发起如社区组织、用水者协会、民权团体、社交媒体、慈善和环保组织等联合平台提供便利。

第三,创新环保宣传方式并拓宽生态环保宣传区域,提升环保宣传效果。调查发现,不少来自研究区域外的滨海湿地游客表现出较强烈的生态补偿支付意愿。故政府不仅可以通过常规方法如发放相关宣传手册、悬挂横幅、张贴标语,或开展集中宣讲、入户科普、培训授课等方式进行宣传,还可以通过微信公众号、学习强国等网络平台对滨海湿地风景、保护珍稀动植物的意义和目前面临的生态风险进行报道,多渠道多方式宣传滨海湿地保护行为的具体内容、目的和意义,多措并举以激发民众参与滨海湿地保护意愿。

参考文献

敖长林,陈瑾婷,焦扬,等,2013. 生态保护价值的距离衰减性——以三江平原湿地为例[J]. 生态学报,33(16):5109-5117.

敖长林,王静,高琴,等,2014. CVM 数据分析中的半参数模型及实证研究[J]. 系统工程理论与实践,34(9):2332-2338.

敖长林,周领,焦扬,2016. 王世雪. 初始投标值数量和样本容量对双边界二分式 CVM 的影响[J]. 生态学报,36(03):854-862.

蔡细平,沈月琴,2009. 持续性分析用于条件价值评估法数据统计分析——以浙江省临安市 CVM 调查数据为例[J]. 东北林业大学学报,37(01):94-95+104.

冯磊,敖长林,焦扬,2012. 三江平原湿地非使用价值支付意愿的影响因素[J]. 数学的实践与认识,42(1):59-67.

冯雨豪,王瑾,毕如田,等,2018. 基于双栏模型亳清河区域休闲农地存在价值评估[J]. 中国土地科学,32(10):51-58.

高琴,敖长林,陈红光,等,2014. 基于居民生态认知的非使用价值支付意愿空间分异研究——以三江平原湿地为例[J]. 生态学报,34(7):1851-1859.

蒋劭妍,曹牧,汤臣栋,等,2017. 基于 CVM 的崇明东滩湿地非使用价值评价[J]. 南京林业大学学报(自然科学版),41(1):21-27.

李英,潘鹤思,邹玉友,等,2020. 社会信任与城镇居民森林生态补偿支付意愿研究——基于黑龙江省的调查数据[J]. 干旱区资源与环境,34(07):90-96.

李元章，何春雄，2015. 实用生存模型：不完全数据分析[M]. 广州：华南理工大学出版社.
梁志会，张露，张俊飚，等，2020. 基于 MOA 理论消费者绿色农产品溢价支付意愿驱动路径分析——以大米为例[J]. 中国农业资源与区划，2020，41(01)：30－37.
刘玉卿，张华兵，2018. 基于条件估值法(CVM)的湿地周边农户受偿意愿及影响因素研究：以江苏盐城珍禽自然保护区为例[J]. 生态与农村环境学报，34(11)：982－987.
庞洁，楚宗岭，靳乐山，2020. 资源异质性农户的退耕还林受偿意愿及其影响因素研究——基于云南省 2 个县退耕还林的调研数据[J]. 农村经济(01)：104－111.
屈小娥，李国平，2012. 陕北煤炭资源开发中的环境价值损失评估研究——基于 CVM 的问卷调查与分析[J]. 干旱区资源与环境，26(04)：73－80.
王建华，沈旻旻，2021. 基于多群组结构方程模型的有机农产品支付意愿研究[J]. 农村经济，460(02)：87－94.
王坤，李晓，李英，2021. 公众参与生态功能区建设的支付意愿评价模型构建——以东北重点生态功能区为例[J]. 东北林业大学学报，49(04)：121－127＋136.
吴乐，庞洁，靳乐山，2020. 少数民族贫困地区退耕还林农户复耕意愿研究——基于云南省两县的调查数据[J]. 干旱区资源与环境，34(03)：7－13.
谢文宝，刘国勇，陈彤，2019. 耕地质量保护补偿标准测算及方案设计：新疆例证[J]. 农村经济，440(06)：32－39.
熊凯，孔凡斌，2014. 农户生态补偿支付意愿与水平及其影响因素研究——基于鄱阳湖湿地 202 户农户调查数据[J]. 江西社会科学，34(06)：85－90.
熊凯，孔凡斌，陈胜东，2016. 鄱阳湖湿地农户生态补偿受偿意愿及其影响因素分析——基于 CVM 和排序 Logistic 模型的实证[J]. 江西财经大学学报(01)：28－35.
熊莉，沈文星，曾岳，2020. 基于选择实验法的野生动物资源生态价值评估——以神农架自然保护区为例[J]. 林业经济，42(5)：40－49.
徐瑞璠，刘文新，赵敏娟，2021. 生态认知、生计资本及农户生态补偿支付意愿与水平的实证研究[J]. 农林经济管理学报，20(04)：449－457.
徐涛，倪琪，乔丹，等，2020. 农村居民流域生态治理参与意愿的距离效应——以石羊河流域为例[J]. 资源科学，42(07)：1395－1404.
张新华，2019. 新疆城镇居民对草原生态保护补偿支付意愿分析[J]. 干旱区资源与环境，33(03)：51－56.
张茵，蔡运龙，2010. 用条件估值法评估九寨沟的游憩价值——CVM 方法的校正与比较[J]. 经济地理，30(07)：1205－1211.
张志强，徐中民，程国栋，2003. 条件价值评估法的发展与应用[J]. 地球科学进展(03)：454－463.
BATEMAN I J，LANGFORD I H，JONES A P，et al，2001. Bound and path effects in double and triple bounded dichotomous choice contingent valuation [J]. Resources and

Energy Economics, 23: 191213.

BLAINE T W, LICHTKOPPLER F R, JONES K R, et al, 2005. An assessment of household willingness to pay for curbside recycling: a comparison of payment card and referendum approaches[J]. Journal of Environmental Management, 76(1): 15 - 22.

BURTON M, 2000. A semi-parametric estimator of willingness-to-pay applied to dichotomous choice contingent valuation data[J]. Australian Economic Papers, 39(2): 200 - 214.

CROOKER J R, HERRIGES J A, 2004. Parametric and semi-nonparametric estimation of willingness-to-pay in the dichotomous choice contingent valuation framework [J]. Environmental and Resource Economics, 27(4): 451 - 480.

DAVIS R K, 1963. Recreation planning as an economic problem [J]. Natural Resourees Journal, (3): 239 - 249.

LOOMIS J B, KENT P, STRANGE L, et al, 2000. Measuring the total economic value of restoring ecosystem services in an impaired river basin: results from a contingent valuation survey [J]. Ecological Economics, 33: 103 - 117.

LOVETT A, BATEMAN I J, 2001. Economic analysis of environmental preferences: progress and prospects [J]. Computer, Environment and Urban systems, 25: 131139

MÁ DÍAZ, MG GÓMEZ, ÁNGELES SAAVEDRA GONZÁLEZ, et al, 2010. On dichotomous choice contingent valuation data analysis: semiparametric methods and genetic Programming [J]. Journal of Forest Economics, 16(2): 145 - 156.

WOODARD J D, SHERRICK B J, SCHNITKEY G D, 2010. Revenue risk-reduction impacts of crop insurance in a multicrop framework [J]. Applied Economic Perspectives and Policy, 32(3): 472 - 488.

Willingness to Pay for Coastal Wetland Ecological Restoration Based on Conditional Value Method (CVM) Empirical Analysis: A Case Study of Qianwan New Area in Ningbo

Wang Xianjin　Zhang Chenming　Zhan Guobin

Abstract: At present, conditional value method (CVM) is the only method that can measure residents' willingness to pay for ecological compensation. Payment card selection questionnaire is a simple and effective questionnaire format, and its data are discrete data. Although it can provide a direct estimate of willingness to pay, it cannot directly fit a parametric model and thus cannot fully mine the sample data information. To solve the above problems, this paper proposes a payment card data analysis method based on survival analysis. Firstly, the life table method is used to calculate the cumulative survival probability of willingness to pay. Then, according to the data law of cumulative survival probability, it tries to fit the appropriate survival function and calculate the survival probability. Finally, semi-parametric Cox proportional risk model is used to analyze the influencing factors of willingness to pay, which provides a new path for data analysis. Taking the survey of residents' willingness to pay for ecological restoration of tidal wetland in Qianwan area of Ningbo as an example, the empirical analysis shows that the willingness to pay of residents around this area is 24.07 yuan per year. Age, education level and income level had significant effects on the ecological restoration of tidal flats, while gender and tidal flats' understanding of ecological value had no significant effects on the willingness to pay. In order to stimulate citizens' enthusiasm for environmental protection more effectively, the following policy suggestions are put forward: deepen residents' cognition of ecological functions of tideland, cultivate residents' positive emotion towards tideland environment, and build a diversified platform for high-income groups to pay for the positive externality of ecological value of tideland, and expand publicity areas and innovate publicity methods.

Key words: willingness to pay; CVM; payment card boot technology; survival analysis; Cox proportional risk model

综　　述

非正式制度与国家治理：一项研究述评*

蒋光明　陈慧荣**

摘　要：国家治理研究的"制度转向"把制度建设及其作用机制带回我们分析的中心。国家治理的制度基础包括正式制度和非正式制度。非正式制度之于国家治理，犹如暗物质之于物理学，普遍存在且非常重要，但难以观测和研究。本文系统梳理了非正式制度研究的一系列理论问题（非正式制度是什么、如何产生以及变迁、如何与正式制度互动、如何发挥作用），并对非正式制度与国家治理间关系的实证研究成果进行述评。最后就中国国家治理和改革视域中的非正式制度研究提出三点展望：一是分析非正式制度与正式制度变迁机制的差别；二是解释非正式制度在何种情况下被废除或正式化；三是进一步发掘非正式制度的作用机制。

关键词：国家治理；非正式制度；制度变迁；新制度主义

一、引言：国家治理的制度基础

非正式制度犹如物理学研究中的暗物质，它普遍存在，非常重要，但难以观测与研究。国家治理的制度基础不仅仅包括正式制度，也包括非正式制度。

*　基金项目：国家社科基金一般项目《制度建设向治理效能转化的历史路径研究》（项目编号：21BZZ043）

**　蒋光明（1993—），男，北京大学政府管理学院博士研究生，E-mail：gmjiang@stu.pku.edu.cn；陈慧荣（1980—），男，博士，上海交通大学国际与公共事务学院副教授，上海交通大学政治经济研究院兼职研究员。

本文从非正式制度的视角检视国家治理的逻辑,梳理关于非正式制度的研究成果,并探讨非正式制度对于国家治理的意义和启发。

本文从国家处理体制内和体制外各种关系的视角来界定国家治理。在周雪光看来,“一个国家的运行过程、解决问题的能力与方式、应对危机的抉择、中央和地方政府间的关系、国家与社会的关系,都是建立在一系列制度设施之上的。这些稳定的制度安排塑造了解决问题的途径和方式,诱导了相应的微观行为,从而在很大程度上规定了国家治理的轨迹、抉择和后果”(周雪光,2017)。本文采用“关系视角”(relational approach)来界定国家治理,外延比周雪光的关注更加宽泛一些。我们认为,国家治理大体处理体制内的关系和体制外的关系。在体制内,国家治理是对政权内部关系的处理,纵向上涉及各级政府间的关系,横向上涉及各部门的协调和合作关系;在体制外,国家治理主要涉及政府、市场和社会的关系问题,国家提供公共服务、维持社会秩序、发展经济和进行再分配等。在自身管理、管控社会和驾驭经济过程中,国家通常是作为正式制度的发起者、判定者和维护者,而非正式制度通常是与国家界定的正式规则相对而言的。

20 世纪 90 年代,在马奇和奥尔森(March and Olsen,1989)等的呼吁下,新制度主义脱胎于传统的制度主义范式,使制度重新回到政治分析的核心位置。在比较政治学领域,关于国家治理的研究也经历了制度转向(institutional turn)(Pepinsky,2014)。在宏观层面,制度建设解决国家治理的两个根本性问题:精英之间的权力配置和政府对于社会的管控(Svolik,2012);在中观层面,主要探讨了具体政治制度(如政党制度、代议制度、选举制度和强制制度等)如何帮助实现良好治理的问题(Gandhi and Przeworski,2007;Greitens,2016)。

在中国研究领域,学者们也对国家治理的制度基础高度关注。根据曹正汉(2014)的梳理,试图从整体上解释中国治理结构和治理机制的主要有三种理论:周黎安(2014)提出的“行政发包制”、曹正汉(2011)提出的“中央治官、地方治民”以及周雪光(2011,2014)提出的“国家治理的制度逻辑”。此外还有聚焦于特定政治制度的研究,如政治参与制度(Shi,1997)、政治咨询制度(Yan,2011)和干部人事制度(Landry,2008)等。除正式制度以外,学界对非正式制度在国家治理中扮演的角色愈发关注。周雪光(2014)指出正式制度和非正式制度的并存、转化关系缓和了中央集权和有效治理之间的矛盾,是中国国家治理的核心所在。具体地,他认为非正式制度在国家治理中发挥的作用主要是调节中央与地方政府间“委托—代理”关系带来的信息困难,有助于在保证中央权威不动摇的同时提高治理效率。对非正式制度的讨论并非停留在理论层面，一系列讨论非正式制度对中国国家治理的影响的实证研究涌现出来，构成一支重要的文献簇，本文基于既有研究，在试图回答一系列理论问题的同时，也将对相关的实证研究进行评述，在此基础上总结非正式制度在政治和经济领域产生影响的主要机制。

本文将围绕以下五个问题展开：①非正式制度是什么？主要从制度的经典定义出发，梳理非正式制度的界定以及与其他相近概念的区分。②非正式制度如何产生以及怎样变迁？分别从静态和动态的角度梳理非正式制度的来源，并从物质主义和规范主义的角度，对其内生变迁的动力来源进行归纳。③非正式制度与正式制度如何互动？主要梳理关于非正式制度与正式制度间关系的研究。④非正式制度如何起作用？聚焦于中国政治和政治经济学领域，从既有实证研究中梳理出三种非正式制度的作用机制。⑤提出研究展望并讨论相关研究对于理解中国改革和治理实践的意义。

二、非正式制度是什么

诺斯（North，1990）较早提出并系统论述了非正式制度的概念，他将制度宽泛地定义为"一个社会的游戏规则，用来塑造人类行为的人为规则"，并指出制度可以是正式的，也可以是非正式的：正式制度是人们制定的成文规则，非正式制度主要包括传统（convention）和行为准则（codes of behavior），通常是不成文的。

赫姆克和列维斯基（Helmke and Levitsky，2004）进一步将非正式制度界定为"通常以非成文形式呈现的、社会共享的规则，其产生、传播和执行的保障来自非官方渠道"。他们注意到过于宽泛的定义所造成的概念界限不清等问题，强调对于非正式制度和弱制度、其他行为习惯、非正式组织、文化应当严格区分，不应将非正式制度当作无所不包的剩余类别。

具体来说，非正式制度和弱制度的关键区别在于：弱制度通常是指被普遍忽视、规避的正式制度，而当正式制度无实际效力时，未必会产生非正式制度；与其他行为习惯的差异在于：作为一个更加宽泛的概念，并非所有习惯都能成为制度，关键区分是行为习惯是否为了回应某些规则、指南而做出，制度的标志在于如果违反了这些规则，行为人会招致某种外在惩罚；非正式制度和非正式组织间的关系则类似于游戏规则和游戏玩家,虽然有时两者会互相嵌入,但性质存在本质差别;非正式制度和文化的区分较为抽象也更加重要,赫姆克和列维斯基提出的区分办法是:文化的本质是“共有价值观”(shared values),而非正式制度的本质是“共有预期”(shared expectations),关键区别仍在于是否对具体行为存在约束、规制作用,以及如果违反是否会招致惩罚(Helmke and Levitsky, 2004)。

与非正式制度紧密关联的概念还有“非正式性”(informality)和“非正式政治”(informal politics)等,为避免概念混淆,有必要作出区分(如图1所示)。米兹塔尔从社会学和社会关系的视角出发,为非正式性提供了较为经典的定义:“人们在解读其角色要求时享有相对自由的一种互动形式”(Misztal, 2000)。这种界定方式虽然较为宽泛,但恰好抓住了非正式性无所不在、难以捕捉的特性。我们将复杂的客观世界简化为三个主要系统:政治、经济和社会。非正式性(即图1中的圆A)如同一盏灯将光束投射在平面上,与三个领域均发生一定交集:与政治领域的交集为非正式政治,与经济领域的交集为非正式经济(informal economy),与社会领域的交集则是文化或习惯。

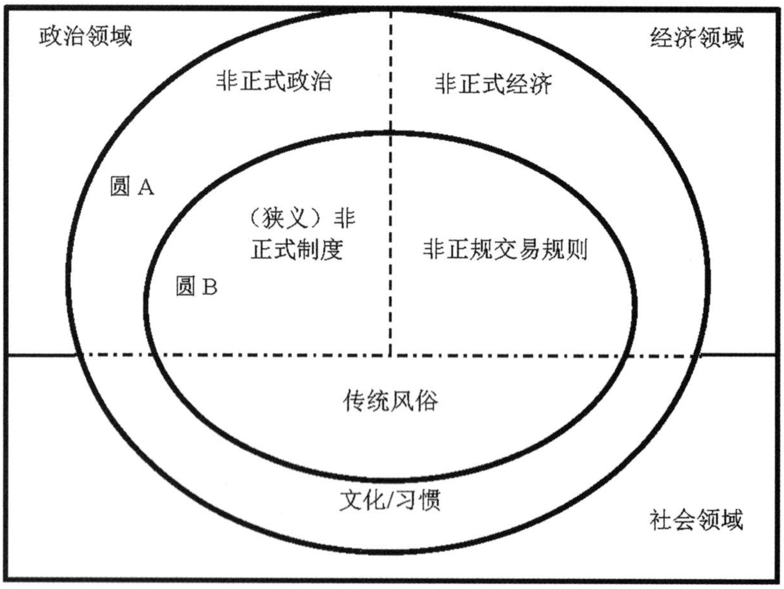

图1　非正式制度与相关概念的关系示意

注:圆A为非正式性,圆B为广义的非正式制度。

资料来源:笔者自制。

并非所有非正式性的映射都能成为非正式制度，只有那些能够以可预期、程式化的方式重复下去的部分才能够制度化（Radnitz，2011），我们将非正式性中制度化的部分称为“广义的非正式制度”并表示为图中的圆 B。首先，这种广义上的非正式制度在政治领域体现为“狭义的非正式制度”，这里作广义、狭义区分是因为：严格意义上来说，非正式制度涵盖了政治、经济（如黑市交易）和社会（如约会规则）等各个领域（Helmke and Levitsky，2004），但实践中人们常用非正式制度来指代政治领域的非正式制度。非正式政治中未制度化的部分，比如个别腐败现象不属于制度范畴。其次，广义非正式制度在经济领域主要体现为非正规交易规则，如小产权房的买卖、毒品交易、地下钱庄的借贷规则等，除此之外不牵涉规则的经济活动并不属于经济领域的非正规制度。最后，在社会领域，广义非正式制度主要表现为具有约束力的交往规则，最为典型的便是传统风俗，如已经被淘汰的女性裹脚传统和现在仍流行的“份子钱”风俗，这些规则并无成文规定也并非由官方力量推动实施，但又对人的行为普遍产生约束力，因此符合非正式制度的要件。

三、非正式制度如何产生以及怎样变迁

关于非正式制度的起源，存在两种基本视角：静态和动态视角。在研究早期，对于非正式制度的理解通常从静态的、功能主义的视角出发，理性选择学派即是典型，通过观察非正式制度所履行的某种功能，去回溯他们产生的原因，以此理解非正式制度在信息获取和集体行动中发挥的作用，但未真正考察非正式制度产生的内在机制（Weingast，1979）。

更多的研究采用动态视角考察非正式制度产生的动力和机制。这些机制主要包括：①当相应的正式制度在调整范围上有所空缺时，可能产生由非正式制度进行补充的需要（Johnson，2002）；②在行为者无法通过正式制度实现其效用最大化的情况下，将非正式制度作为次优选择（Helmke and Levitsky，2004），这种情况下正式制度和非正式制度的目标是一致的，但实现渠道不同；③当某些目标为正式制度所不容时，非正式制度由于包容性、灵活性更强，行为者会通过非正式制度实现目标（Mershon，1994），这时正式制度与非正式制度相互冲突。相对应地，非正式制度所履行的功能也可以分为三类：补充制度

空白、平行独立运行、协助实现正式制度目标(尽管有些情况和正式制度相互冲突)(Azari and Smith, 2012)。此外,科层体制在非正式制度的产生、扩散中同样会发挥作用,当以下情形发生时,会出现科层体制偏离(bureaucratic deviance):①正式制度之间相互矛盾;②政策执行分权化;③科层和民众存在共同利益(K.Tsai, 2006)。此时,部分政治精英具备动机和能力与大众共同曲解、错误执行正式制度,对非正式制度的产生、扩散起到推动作用。

制度在本质上是被规制化(codified)的观念(Hayek, 1960),因此制度变迁实际上是把某些观念转化为新制度的过程(Tang, 2011)。相比正式制度而言,非正式制度和社会观念的关系更为紧密,其变迁大多更为缓慢、渐进,诺斯称非正式制度具有"顽强的生存能力"(tenacious survival ability)(North, 1990)。

具体而言,哪些因素会导致非正式制度的内生性变迁?对于这个问题的回答,大体可分为物质导向(materialist-oriented)和规范导向(norm-oriented)两种基本路径(Thelen, 1999)。物质主义强调权力博弈在制度变迁中的作用。例如,奈特从理性选择的视角出发,为非正式制度变迁提供了微观层面的解释,他宣称首先要认识到制度具有分配效应,社会行为体在持续博弈中保持制度均衡,不同立场的力量对比变化则会导致制度变迁(Knight, 1992)。进一步来说,改革派的议价优势主要来自是否拥有相对于现状更好的制度选择(Farrell, 2009)。规范主义则强调观念在制度变迁中的作用,认为"共同信念转变"(joint belief shift)才是制度变迁的必要条件,当人们开始集体信服旧的认知是错误的,进而对于未来形成新的预期并开始遵循新的游戏规则,非正式制度才将实现变迁(Culpepper, 2005)。

赫姆克和列维斯基对这两种路径进行了整合,提出非正式制度变迁的动力来源主要有三种:①正式制度的变迁,尤为适用于内生于正式制度结构的非正式制度;②权力和资源分配结构的变化,尤其适用于外部环境变化导致现行制度受益者优势弱化、受损者权力增长的情况;③行为者的理念和预期发生变化,尤其适用于根植于文化传统的非正式制度(Helmke and Levitsky, 2004)。法瑞尔指出当具备以下条件时,外在因素的转变将带来制度变迁:①新制度将增进行为体效用;②试图创设新制度的行为是可重复、可保持的;③群体中的其他行为体同样可以采取对现行制度的反叛行为,进而改变预期(Farrell, 2009)。唐世平发展"社会演化范式"(social evolutionary approach)用以解释制度变迁,指出主要存在三种推动制度变迁的内生力量:①出现反对现有意识形态的新观念;②产生足以改变现行制度的权力;③制度体系中,某些制度安排和其他不兼容。具体而言，制度变迁通常经历五个阶段：产生新观念、政治动员、权力斗争、制定规则、合法化与稳定化（Tang，2011）。林毅夫（1994）将制度变迁区分为诱致性制度变迁和强制性制度变迁，前者的动力来源是“制度不均衡”为个人带来的获利机会，通常表现为非正式制度向正式制度的逐渐扩散，进而实现现行制度安排的变更或替代，后者则依赖政府命令和法律推行实施。蔡欣怡提出“适应性非正式制度”（adaptive informal institution）的概念，用以解释某些非正式制度导致内生性正式制度变迁的机制，与根深蒂固、抵制改变的原生型非正式制度（primordial informal institution）相比，适应性非正式制度是人们对限制过多的不合理正式制度的创新性回应，当践行该制度的行为体广泛存在时，拥有改革立场的政治精英就会被激励和支持，以推动正式制度变革（K. Tsai，2006）。

四、非正式制度与正式制度如何互动

劳斯（Lauth，2000）识别出民主政体中，正式制度与非正式制度间三种相互作用的模式：①补充型（complementary），即共同存在、相互增强；②替代型（substitutive），即一方效力超过另一方；③冲突型（conflicting），双方不相兼容。更进一步，他指出非正式制度还会通过以下方式对正式制度的政治参与产生影响：一是在参与之前塑造行为和态度并定义行动机会和风险，二是超出正式参与渠道之外创制新的施加影响力的方式。赫姆克和列维斯基（Helmke and Levitsky，2004）在此基础上进行了拓展，根据两个维度对非正式制度及其与正式制度的关系进行了分类：当正式制度与非正式制度目标重合时，正式制度有效，则非正式制度是补充性（complementary）的，正式制度无效，非正式制度则是替代性（substitutive）的；当二者目标冲突时，正式制度有效，非正式制度是容纳性（accommodating）的，正式制度无效，非正式制度则是竞争性（competing）的。

表 1　非正式制度二维类型学

	正式制度有效	正式制度无效
结果与正式制度相同	补充	替代
结果与正式制度不同	容纳	竞争

资料来源：Helmke and Levitsky（2004）。

霍拉克和雷斯特(Horak and Restel,2016)则批评这些分类仅停留在非正式制度与正式制度间关系的静态层面,忽视了制度的动态演化属性,实践中尤其是在正处于转型中的国家,制度的效力并非简单二分的。他们举例称:中国情境下的“关系”与现有的所有分类方式都不契合,“关系”既是对正式制度的补充,但同时又与正式制度存在竞争。基于此,他们在赫姆克和列维斯基(2004)分类的基础上添加了第三个维度:“转型中的正式制度”(见表 2)。在这个维度中,如果非正式制度与正式制度目标趋同,则发挥辅助作用(例如他们讨论的“关系”),反之则发挥压制作用(例如腐败)。

表 2　第三种状态:转型中的正式制度

结果	正式制度有效	正式制度处于转型中	正式制度无效
一致	补充	辅助(auxiliary)	替代
	“关系”		“关系”
分化	容纳	压制(suppressing)	竞争

资料来源:Horak and Restel(2016)。

瓦格(Voigt,2018)认为诺斯对正式和非正式制度的分类依据是制度构成,他进一步以制度强制力的来源作为依据,将制度分为内部强制制度和外部强制制度。尽管这两种分类方式基本重合,但并非完全对应,强制力来源于内部的制度有可能具有正式的形式(如私人仲裁),而强制力来源于外部的制度也有可能是非正式制度(如模糊的法律概念)。内部强制制度和外部强制制度之间的关系大体可分为四种:中立(neutral)、补充(complementary)、替代(substitutive)、冲突(conflicting)。

彭玉生(2009)从制度对行为的约束类型出发,构建了正式制度和非正式制度间关系的 3×3 的类型学(见表 3)。具体地,制度对行为的约束均可分为鼓励、禁止、中性(缺失、模糊)三类,当正式制度和非正式制度的约束类型同为鼓励或禁止时,即为“一致”,如相反,则为“冲突”;如果正式制度持中性立场,而非正式制度为鼓励或禁止,则呈现为“规范主义”,即由非正式制度独自管辖,反之,如果正式制度为鼓励或禁止,而非正式制度持中性立场,则出现“法理主义”,即完全由正式制度管辖;如果两者均持中立态度,则为事实上的无管辖状态,即“自由主义”。

表 3　正式制度与非正式制度的关系分类

		非正式规范		
		鼓励	禁止	中性、缺失、模糊
正式法律	鼓励	一致	冲突	法理主义
	禁止	冲突	一致	法理主义
	中性、缺失、模糊	规范主义	规范主义	自由主义

资料来源：彭玉生(2009)。

周雪光(2019)则聚焦于中国科层体制，指出非正式制度与正式制度的合法性基础可能相同或不同，“形式之名”可兼容或不兼容①，依据这两个维度可以将非正式制度分为四类：同基础、可兼容类(如“变通”)；同基础、不同兼容类(如“共谋”)；不同基础、可兼容(如“双轨政治”)；不同基础、不可兼容(即“竞争、冲突类非正式制度”)。

表 4　中国科层体制中非正式制度的类型

	“形式之名”可兼容	“形式之名”不兼容
合法性同基础	“变通”(可公开、可转化)	“共谋”(不可公开、不可转化)
合法性不同基础	“双轨政治”(可公开、不可转化)	竞争、冲突

资料来源：周雪光(2019)。

五、非正式制度如何起作用

本部分选取非正式制度领域的代表性实证研究进行回顾，从中总结非正式制度发挥作用的主要机制。在中国研究领域，受到关注的非正式制度的形式多种多样，比如人际关系、亲缘网络、家乡认同、村规民约等。透过这些非正式制度的具体形式，我们可以总结出非正式制度发挥作用的内在规律，进而完成从实证到理论的思维跨越。为了更加聚焦，我们将文献选择范围限定在中

① 即在“形式上或象征意义上”是否相一致，这决定了非正式制度是否可以公开。

国政治和中国政治经济学研究领域。诚然,国家治理涉及政治、经济、文化、社会和生态等多个领域,但其中政治和经济发展是国家治理的重要基石,并且政治和经济相互影响、高度融合,这一部分选取的实证研究基本均探讨了非正式制度和中国政治、经济发展之间的关系。具体而言,非正式制度的作用机制大体可分为三种。

一是在科层体制的压力型特征和现实的不确定性之间发挥"缓冲层"作用,以缓解其中的张力,确保政策制定和执行的有效性和灵活性。关于政策制定,傅士卓在20世纪末指出要理解中国政治系统和决策制定,关键在于检视非正式政治、正式结构和政治议题之间的互动,由于制度化相对滞后,决策过程尤为倚赖政治实力的博弈(Fewsmith,1996)。韩博天(2018)基于对我国革命历史和改革开放以来的政策实践研究,发现自革命斗争时期保留下来的"游击式风格"赋予政策制定以适应性和灵活性,形成"分级制政策实验"这种独特的治理模式,通过确立长期目标和央地持续互动相结合,推动经济改革实现成功。洪源远在大量田野调查和案例分析的基础上,提炼出中国得以跳出贫困陷阱的核心策略,即"有指挥的即兴发挥"(directed improvisation):在中央政府的宏观指引下,地方政府发挥能动性,因地制宜地选择具体发展策略,在发展初期利用现有弱制度建立市场,通过市场激发强制度,再利用强制度维护市场,通过这种看似松散但有章可循的办法推动政府与市场的相互促进、共演(co-evolutionary)发展(Ang, 2016)。

关于政策执行,非正式制度的角色同样有所体现。王汉生等(1997)发现地方政府在政策执行中存在"变通"行为,即制度执行者"在未得到制度决定者的正式准许、未通过改变制度的正式程序的情况下,自行做出改变原制度中的某些部分的决策,从而推行一套经过改变的制度安排这样一种行为或运作方式";欧博文和李连江发现中国基层官员时常根据自身利益和地方实际,对中央政策进行"选择性执行"(O'Brien and Li, 1999);孙立平和郭于华(2000)基于对华北地区某镇收粮的案例分析,发现权力执行者对于采用强制措施十分谨慎,而是将人情、面子等民间观念融入正式行政权力的行使过程中,以各种方式实现"正式权力的非正式运作",更好地完成收粮任务;欧阳静(2011)采用"策略主义"描述乡镇政权的运作逻辑,与科层组织的理性主义逻辑相对应,其含义是各类手段被功利地运用至权力运作中,不计成本和正当与否,具有随意性和权益性特征。崔晶(2020)在此基础上提出"政策搁置与模糊执行"对非正式制度的类型学加以补充,用来反映政府在制定和推行政策时面临的模糊性和不确定性特征。当然，非正式制度的运转并非局限于科层组织内部，也可能体现在国家与社会的互动之中。比如李瑶依据是否违法、是否威胁政权的标准将中国民众的抗争行为分为包容性（accommodating）和敌对性（antagonistic）两类，她发现政府和抗议者在互动中塑造出一套非正式的抗争规范（informal norms of contention），致力于将敌对性抗争转化为包容性抗争，减少其对政权稳定造成的冲击（Li，2019）。章奇、刘明兴（2016）针对浙江省内民营经济发展地区差异的实证研究发现，在权力网络中居于边缘地位的官员为了确保其政治生存，更有动机发展民营经济、保护私有产权，以争取来自基层力量的支持。

二是在相应正式制度缺失或不完善的情况下对其进行补充，即履行正式制度的部分功能，这在民营经济的早期发展以及村庄治理中尤为突出。改革开放初期的私营经济至少面临融资和产权保护两大难题。关于融资，蔡欣怡对私营经济的研究表明，当面临不利的政策环境时，企业家会采用多种非正式的策略克服创业和发展的困难，依靠民间借贷、信贷互助会、地下钱庄等非正式金融手段解决资金问题（K. Tsai，2004）；倪志伟和奥珀概括称，中国改革开放以来民营经济的繁荣在一定程度上是由民营企业家自下而上推动的，从非正式领域向正式领域逐渐扩散，而镶嵌在关系网络中的社会规范提供了微观层面的信用机制，是内生性制度变迁的动力来源（Nee and Opper，2012）。关于产权，周雪光（2005）提出“产权是一束关系”的命题，用来解释现实中产权往往具有模糊性和象征性特征，指出产权结构是组织与其他组织建立关系并适应环境的结果，并以“关系产权”理论对乡镇企业的发展进行解释；折晓叶和陈婴婴（2005）基于苏南集体制村办企业改制的案例分析，发现集体产权是一种“社会合约性产权”，往往并非刻意设计而来，而是特定行动关系协调的产物，在缺乏清晰界定的产权的情况下，这种社会关系网络对于界定和维护产权秩序发挥重要作用。

非正式制度能够对正式问责机制形成补充，对官员行为构成实质性约束。蔡晓莉基于对中国村庄的调查数据和案例研究，发现在问责机制不够完善的情况下，乡村的连带团体（solidary groups）能够起到对地方政府的问责作用，促使官员提供更多公共物品（L. Tsai，2007）。这种逻辑在乡村以外亦可成立，王芳（2018）基于地市级面板数据发现在籍贯地任职的官员更有动力为家乡提供公共服务，而这以减少基础设施建设投资为代价；王海、尹俊雅（2019）基于省级面板数据发现本地任职的官员具有更强的环境规制力度；周广肃及合作者(2020)则结合使用中国家庭追踪调查的微观层面数据和地市级宏观数据,发现具有本地任职经历的市委书记更有动力通过提高当地居民的公共转移支付收入,降低消费不平等程度。

三是凭借小团体中的互惠关系克服动员难题,为集体行动的发起提供组织基础,既有研究在乡村公共品提供、抗拆维权、计划生育政策执行等案例中均发现了该机制的存在。徐轶青和姚洋基于村级数据进行因果推断,发现如果村干部来自当地较大的宗族,宗族关系帮助村干部说服村民为公共品项目募资,该村公共品投资显著高于其他村(Xu and Yao,2015);温莹莹(2013)的单个案例研究发现"头家轮流制"等由于历史和宗族因素形成的非正式制度,有利于解决村庄道路修建、举行宗族活动等存在的募资难题,通过克服集体行动困境,实现了公共品的自我供给。张泰苏及合作者发现农村亲缘网络基于成员间的互惠关系而建立,有助于农民达成集体行动,抵抗地方政府不合理征收土地的行为,从而对私人产权具有保护作用(Zhang and Zhao,2014)。类似地,陶然及其合作者发现非正式的亲缘网络为农村集体行动的发起提供了动员和组织基础(Lu and Tao,2017)。彭玉生基于村级数据发现宗族网络越强的村越有能力集体抵抗计划生育政策的执行,因此生育率越高,表明当制度目标发生冲突时,非正式制度确能成为正式制度落实的阻力(彭玉生,2009;Peng,2010)。魏万青和刘庄(2017)基于中国家庭动态调查 2010 年社区数据的分析,进一步确认了农村宗族网络与计划生育执行力度之间的关联,并指出宗族网络的结构特征在两者间存在调节效应,随着宗族网络结构复杂化,整合难度有所提高,宗族网络对计划生育执行力度的软化作用有所减弱,而村中最大宗族的人口优势上升会降低整合难度,这种软化作用将会加强。

六、总结与讨论

尽管既有研究已经取得了重要成果,但非正式制度对经验现实的解释力仍有待进一步发掘。具体来说,笔者认为至少可以在以下几个方面取得新突破。第一,在理论层面,非正式制度变迁的触发因素和机制与正式制度的关键区别是什么?制度理论谈到制度变迁时,未能对两者进行系统比较分析,目前提出的解释变量通常对正式制度的变迁也适用,对于两者之间的区别缺乏深入讨论。第二,为什么有的非正式制度能够实现正式化,而有的不能?正式化或被废除是非正式制度最为典型的两种变迁方式,这在中国都有典型案例,前者如分田到户的合法化(即家庭联产承包责任制),后者如裹脚制度被扫进历史垃圾堆,造成这种差异的关键因素和作用机制是什么,目前的回答仍不充分。第三,非正式制度发挥作用的其他机制值得进一步探讨,目前的讨论更多地围绕非正式制度履行某种功能的正面作用,但其可能存在的负面作用未得到充分关注。

本文对于理解中国当下和未来的治理实践也颇具启发性,提示我们需重视观念的作用。正如改革开放首先要做到“解放思想”,由于制度本身具有惯性和次序特征,路径依赖往往是默认选择,因此推动观念变革对于制度变迁极为重要。从国家与社会关系的角度来看,社会正在以“自己的逻辑”愈发主动地参与国家政治过程(周雪光,2017)。不同于基于“合法性”(legality)构建的“政府道义”(government morality),社会主体依据“正当性”(legitimacy)形成的“社会道义”(societal morality),有时更为准确地反映社会实际需求,制度变革如不考虑社会的观念,无异于缘木求鱼(Williams and Horodnic,2016)。换言之,政府主导的改革在本质上是推动正式制度的变迁,但其成功与否在很大程度上取决于能否协调与非正式制度的关系,两者相互融合适应,才有利于改革的成功(丰雷等,2019)。从变迁模式来看,尽管中国历史上的制度突变和渐变都存在,但改革开放以来中国的制度变迁总体上属于渐进性制度变迁,历史制度主义告诉我们“学习”带来的新“观念”在这过程中扮演着重要角色(马得勇,2018)。推行改革绝非仅通过调整法律法规就可以实现,这在一方面是由于正式制度固有的模糊性决定了它能解决的问题是有限的;另一方面是因为复杂的利益关系背后还隐藏着不同主体所持有的不同观念,而观念是无法通过一纸文书改变的。

参考文献

曹正汉,2011.中国上下分治的治理体制及其稳定机制[J].社会学研究,25(01):1-40.

曹正汉,2014.统治风险与地方分权:关于中国国家治理的三种理论及其比较[J].社会,34(06):52-69.

崔晶,2020.基层治理中政策的搁置与模糊执行分析——一个非正式制度的视角[J].中国行政管理,(01):83-91.

丰雷,江丽,郑文博,2019.认知、非正式约束与制度变迁:基于演化博弈视角[J].经济社会体制比较,(02):165-177.

韩博天,2018.红天鹅:中国独特的治理和制度创新[M].北京:中信出版集团.

林毅夫，1994. 关于制度变迁的经济学理论:诱致性变迁与强制性变迁[M]//科斯等，财产权利与制度变迁——产权学派与新制度学派文集. 刘守英，等译. 上海：上海三联书店，上海人民出版社.

马得勇，2018. 历史制度主义的渐进性制度变迁理论——兼论其在中国的适用性[J]. 经济社会体制比较，(05)：158-170.

欧阳静，2011. 策略主义：桔镇运作的逻辑[M]. 北京：中国政法大学出版社.

彭玉生，2009. 当正式制度与非正式规范发生冲突：计划生育与宗族网络[J]. 社会，29(01)：37-65.

孙立平，郭于华，2000."软硬兼施":正式权力非正式运作的过程分析[J]. 清华社会学评论，特辑.

王芳，2018. 正式制度、非正式制度与公共品供给——来自地级市的证据[J]. 世界经济文汇，(04)：53-65.

王海，尹俊雅，2019. 乡土情结的环境治理效应——基于官员异质性视角的实证考察[J]. 云南财经大学学报，35(02)：80-92.

王汉生，刘世定，孙立平，1997. 作为制度运作和制度变迁方式的变通[J]. 中国社会科学季刊，冬季号(21).

魏万青，刘庄，2017. 冲突背景下的非正式制度与政策落实——以宗族网络对计划生育影响为例[J]. 社会学评论，5(01)：23-35.

温莹莹，2013. 非正式制度与村庄公共物品供给——T 村个案研究[J]. 社会学研究，28(01)：113-133.

章奇，刘明兴，2016. 权力结构、政治激励和经济增长:基于浙江民营经济发展经验的政治经济学分析[M]. 上海：格致出版社.

折晓叶，陈婴婴，2005. 产权怎样界定——一份集体产权私化的社会文本[J]. 社会学研究，(04)：1-43.

周广肃，张牧扬，樊纲，2020. 地方官员任职经历、公共转移支付与居民消费不平等[J]. 经济学(季刊)，19(01)：61-80.

周黎安，2014. 行政发包制[J]. 社会，34(06)：1-38.

周雪光，2005."关系产权"：产权制度的一个社会学解释[J]. 社会学研究，(02)：1-31.

周雪光，2011. 权威体制与有效治理：当代中国国家治理的制度逻辑[J]. 开放时代，(10)：67-85.

周雪光，2014. 从"黄宗羲定律"到帝国的逻辑：中国国家治理逻辑的历史线索[J]. 开放时代，(04)：108-132.

周雪光，2017. 中国国家治理的制度逻辑：一个组织学研究[M]. 北京:生活·读书·新知三联书店：9.

周雪光，2019. 论中国官僚体制中的非正式制度[J]. 清华社会科学，(01):7-42.

ANG Y，2016. How China escaped the poverty trap [M]. Cornell University Press.

AZARI J R，SMITH J K，2012. Unwritten rules：informal institutions in established democracies [J]. Perspectives on Politics，10(1)：37－55.

CULPEPPER P D，2005. Institutional change in contemporary capitalism：coordinated financial systems since 1990 [J]. World Politics，57(2)：173－199.

FARRELL H，2009. The political economy of trust：institutions，interests，and inter-firm cooperation in Italy and Germany [M]. New York：Cambridge University Press.

FEWSMITH J，1996. Institutions，informal politics，and political transition in China [J]. Asian Survey，36(3)：230－245.

GANDHI J，PRZEWORSKI A，2007. Authoritarian institutions and the survival of autocrats [J]. Comparative Political Studies，40(11)：1279－1301.

GREITENS S C，2016. Dictators and their secret police：coercive institutions and state violence [M]. Cambridge：Cambridge University Press.

GRETCHEN H，STEVEN L，2006. Informal Institutions and Democracy：lessons from Latin America [M]. Maryland：The Johns Hopkins University Press.

HAYEK F A，1960. The constitution of liberty [M]. Chicago：The University of Chicago Press.

HELMKE G，LEVITSKY S，2004. Informal institutions and comparative politics：a research agenda [J]. Perspectives on Politics，2(04)：725－740.

HORAK S，RESTEL K，2016. A dynamic typology of informal institutions：learning from the case of Guanxi [J]. Management and Organization Review，12(3)：525－546.

JOHNSON J，2002. Opening questions [R]. Paper presented at the conference Informal Institutions and Politics in the Developing World，Weatherhead Center for International Affairs，Harvard University.

KNIGHT J，1992. Institutions and social conflict [M]. United Kingdom：Cambridge University Press.

LANDRY P，2008. Decentralized authoritarianism in China：The Communist Party's Control of cal Elites in the Post-Mao Era [M]. Cambridge：Cambridge University Press.

LAUTH H，2000. Informal institutions and democracy [J]. Democratization，7(4)：21－50.

LI Y，2019. Playing by the Informal Rules：Why the Chinese regime remains stable despite rising protests [M]. New York：Cambridge University Press.

LU Y，TAO R，2017. Organizational structure and collective action：lineage networks，semiautonomous civic associations，and collective resistance in Rural China [J]. American Journal of Sociology，122(6)：1726－1774.

MARCH J G, OLSEN J P, 1989. Rediscovering institutions: the organizational basis of politics [M]. New York: Free Press: 5.

MERSHON C A, 1994. Expectations and informal rules in coalition formation [J]. Comparative Political Studies, 27(1): 49 - 51.

MISZTAL B, 2000. Informality: social theory and contemporary practice [M]. London: Routledge: 8.

NEE V, OPPER S, 2012. Capitalism from Below: Markets and institutional change in China [M]. Cambridge, Mass.: Harvard University Press.

NORTH D C, 1990. Institutions, institutional change and economic performance [M]. Cambridge: Cambridge University Press: 3 - 4.

O' BRIEN K J, LI L, 1999. Selective policy implementation in rural China [J]. Comparative Politics, 31(2): 167 - 186.

PENG Y, 2010. When formal laws and informal norms collide: lineage networks versus birth control policy in China [J]. American Journal of Sociology, 116(3):770 - 805.

PEPINSKY T B, 2014. The institutional turn in comparative authoritarianism [J]. British Journal of Political Science, 4(3): 631 - 653.

RADNITZ S, 2011. Informal politics and the state [J]. Comparative Politics, 43(3): 351 - 371.

SHI T, 1997. Political participation in Beijing [M]. Cambridge: Harvard University Press.

SVOLIK M W, 2012. The Politics of authoritarian rule [M]. Cambridge: Cambridge University Press.

TANG S, 2011. A general theory of institutional change [M]. New York: Routledge.

THELEN K, 1999. Historical institutionalism in comparative politics [J]. Annual Review of Political Science, 2(1): 369 - 404.

TSAI K S, 2004. Back-alley banking: private entrepreneurs in China [M]. Cornell University Press.

TSAI K S, 2006. Adaptive informal institutions and endogenous institutional change in China [J]. World Politics, 59(1): 116—141.

TSAI L L, 2007. Solidary groups, informal accountability, and local public goods provision in rural China. The American Political Science Review, 101(2): 355 - 372.

VOIGT S, 2018. How to measure informal institutions [J]. Journal of Institutional Economics, 14(1): 18.

WEINGAST B R, 1979. A rational choice perspective on congressional norms [J]. American Journal of Political Science, 23(2): 245 - 262.

WILLIAMS C C, HORODNIC I A, 2016. An institutional theory of the informal economy: some lessons from the United Kingdom [J]. International Journal of Social Economics, 43(7): 722－738.

XU Y, YAO Y, 2015. Informal institutions, collective action, and public investment in rural China [J]. American Political Science Review, 109(2):371－391

YAN X, 2011. Regime inclusion and the resilience of authoritarianism: the Local People'S Political Consultative Conference in Post-Mao Chinese politics [J]. The China Journal, 66: 53－75.

ZHANG T, ZHAO X, 2014. Do kinship networks strengthen private property? Evidence from rural China [J]. Journal of Empirical Legal Studies, 11(3):505－540.

Informal Institutions and State Governance: A Literature Review

Jiang Guangming　Chen Huirong

Abstract: With the "institutional turn" in comparative politics, institutions have been brought back to the center of political studies. Both formal institutions and informal institutions play critical roles in state governance. Much scholarly attention has been paid to the political outcomes and dynamics of informal institutions, but a synthesis work on this strand of literature is not available and this paper tries to fill this gap. This review essay addresses questions including what an informal institution is, how it is generated and changes, how it interacts with formal institutions, and how it works. We review the existing literature on informal institutions and discuss their implications for China's state governance and prospective reform. Finally, we point out that three critical issues remain underexplored: the different mechanisms of the change of informal and formal institutions; the circumstances under which an informal institution is abolished or formalized; and other mechanisms of informal institutions functioning.

Key words: state governance; informal institutions; institutional change; new institutionalism

致读者

《实证社会科学》是由上海交通大学国际与公共事务学院主办的一本新的社会科学学术出版物，以实证性研究为导向，以构建学术交流平台、传递学术信息、推动实证性社会科学发展为宗旨，侧重收录社会学、政治学、经济学、法学和管理学等社会科学各个领域实证与探索的最新成果，包括实证研究方法的研究及探讨。

实证研究方法可以概括为通过对研究对象观察、实验和调查，获取客观材料，从个别到一般，归纳出事物的本质属性和发展规律的一种研究方法。实证社会科学研究不一定是量化研究；非量化研究，包括田野调查、案例分析、文本分析等都是实证研究的重要部分。本丛书致力于实证研究的前沿，遵循理论联系实际的原则，坚持学术性和应用性相结合，坚持社会科学的正确导向，严守学术规范，鼓励学术创新，以传播先进文化、推进知识增殖、促进实证研究繁荣为己任，注意发表具有理论深度和学术价值的实证性研究文章，以严谨朴实的编辑风格和深厚的学术底蕴，努力为社会科学工作者提供发表研究成果，传递和交流最新研究动态的平台与阵地，并为社会政策的实施提供理论和方法的支撑。本丛书主要收录社会学、政治学、经济学、法学和管理学等学科领域运用实证研究方法，所取得具有学术价值的研究成果。

《实证社会科学》突出实证性、学术性和探索性，主要读者为广大社会科学科研人员和社会科学实践从业者。

投稿约定：

(1)来稿必须具有创新性、学术性、科学性和准确性、规范性和可读性。

(2)来稿切勿一稿两投或多投。文稿自收到之日起，3 个月内编辑部发出是否录用通知；逾期请及时通过邮件向编辑部查询。

(3)编辑部将按照规范的程序，聘请有关同行专家评审和丛书编委终审(三审制)。编辑部将根据评审意见公平、公正地决定稿件的取舍。

(4)稿件文责自负。编辑部对来稿有权作技术性和文字性修改，实质性内容修改须征得作者同意。

(5)凡投稿者均同意文章经本丛书收录后，其著作权中的财产权(含各种介质、媒体及各种语言、各种形式)即让与本丛书。作者如不同意，请在来稿中申明。

(6)本丛书仅接受电子投稿，投稿文本格式请使用 WORD 版本字处理软件编辑。

投稿信箱：szshkx@sjtu.edu.cn

来稿要求和注意事项：

(1)来稿要求论点明确、数据可靠、逻辑严密、文字精炼。文稿必须包括题名、作者姓名、单位及邮编、中英文摘要和关键词(3～8 个)、中国图书资料分类号、第一作者简介(包括姓名、出生年、性别、学位、职称、研究方向、电子邮箱)。

(2)文题名恰当简明地反映文章的特定内容，要符合编制题录、索引和选定关键词等所遵循的原则，不使用非公知的缩略词、首字母缩写字符、代号等；也不能将原形词和缩略词同时列出；一般不用副题名，避免用“……的研究”等非特定词，中文题名一般不超过 20 个汉字，英文题名应与中文题名含义一致。

(3)论文摘要尽量写成报道性摘要，其内容独立于正文而存在，它能否准确、具体、完整地概括原文的创新之处，将直接决定论文是否被收录、阅读和引用，摘要长度一般不超过 200～300 字，英文摘要(100～150words)须与中文摘要相对应。摘要应回答好以下四方面问题：①直接研究目的，可缺省；②详细陈述过程和方法；③全面罗列结果和结论；④通过②与③两方面内容展示文中创新之处。中英文摘要一律采用第三人称表述，不使用“本文”“作者”等作为主语。

(4)关键词选词要规范，应尽量从汉语主题词表中选取，未被词表收录的词如果确有必要也可作为关键词选用。中英文关键词应一一对应。

(5)论文正文(含图表)中的量和单位的使用必须符合中华人民共和国法定计量单位最新标准。文稿中外文字符的大小写、正斜体、黑白体、上下角标及易混淆的字母应打印清楚。

(6)文中图、表应有自明性，且随文出现。图中文字、符号、纵横坐标中的标值、标值线必须写清，标目应使用法定计量单位(一般不用中文表示)。文中表格一律使用“三线表”，表的内容切忌与图和文字内容重复。

(7)正文内各级标题处理如下：一级标题为“一、二、三……”，二级标题为“(一)(二)(三)……”，三级标题为“1.2.3.……”，四级标题为“(1)(2)(3)……”。一、二、三级标题各独占一行，其中一级标题居中，二、三级标题缩进两个字符左对齐;四级及以下标题后加句号且与正文连排。

(8)注释与参考文献:

①注释:注释主要用于对文章篇名、作者及文内某一特定内容作必要的解释或说明,序号一律采用"①、②、③……",每页重新编号。

②稿件中凡采用他人研究成果或引述,在正文中采用括号注与文末列参考文献形式予以说明;正文括号注与文末参考文献必须一一对应。

引用原文文字过长(一般为三行以上)时,须将整个引文单独成段,并左缩进两个字符。段落字体为 5 号楷体,不加引号。

参考文献应是文中直接引用的公开出版物,以 5 篇以上为宜。文后参考文献表首先按文种集中,分为中文、日文、西文、俄文、其他文种 5 部分;然后按照作者姓氏的第一个字母依 A—Z 顺序和出版年排列。

示例:

尼葛洛庞帝,1996. 数字化生存[M]. 胡泳,范海燕,译. 海口:海南出版社.

于潇,刘义,柴跃廷,等,2012. 互联网药品可信交易环境中主体资质审核备案模式[J]. 清华大学学报(自然科学版),52(11):1518-1523.

杨宗英,1996. 电子图书馆的现实模型[J]. 中国图书馆学报(2):24-29.

李炳穆,2008. 韩国图书馆法[J/OL]. 图书情报工作,52(6):6-12[2013-10-25]. http://www.docin.com/p-400265742.html.

BAKER S K,JACKSON M E,1995. The future of resource sharing[M]. New York:The Haworth Press.

CHERNIK B E,1982. Introduction to library services for library technicians[M]. Littleton,Colo.:Libraries Unlimited,Inc.

DOWLER L,1995. The research university's dilemma:resource sharing and research in a transinstitutional environment[J]. Journal Library Administration,21(1/2):5-26.

SUNSTEIN C R,1996. Social norms and social roles[J/OL]. Columbia Law Review,96:903[2012-01-26]. Social norms and social roles. http://www. heinonline. org/HOL/Page? handle = hein. journals/clr96&id=913&collection=journals&index=journals/clr.

正文引用文献的标注,细则如下:

援引一部作品。

A1 一个作者时，列出作者和出版年份，中间用“，”隔开。

示例：（赵鼎新，2006）（Pollan，2006）

A2 两个作者时，中文作品作者之间用“、”隔开，英文作者之间用“and”相连。

示例：（王晓毅、渠敬东，2009）（Kossinets and Watts，2009）

A3 三个作者时，中文作品的作者与作者之间用“、”隔开，英文前面两个作者之间用“，”隔开，后两个作者之间用“，and”隔开。

示例：（Halsey，Health，and Ridge，1980）

A4 三个以上作者时，可以缩写，格式为第一作者加“等”（英文为 et al.）。

示例：（李培林等，2008）（Chen et al.，2014）

B. 援引同一作者两部及以上作品。

B1 不同年份作品。

不同著作的出版年之间用“，”隔开，即（责任者，年份 1，年份 2）。

示例：（李培林，1996，1998）

B2 同一年份作品。

引用同一作者同一年份作品时，用 a，b，c……附在年份后，加以区别。参考文献中的年份后同样有对应的 a，b，c。

示例：（李培林，2010a，2010b，2011）

C. 援引不同作者的不同文献，不同文献之间用“；”隔开。

示例：（McCarthy and Zald，1973，1977；Tilly，1978；塔罗，2005；麦克亚当等，2006）

D. 以机构等作为责任者，在括号中标注机构的全名或者缩写。

E. 未出版作品。基本格式为：（责任者，即将出版）。

F. 转引作品。

示例：（转引自赫特尔，1988）